Dr. Gerda Johannessen · Dürfen Sie glücklich sein?

Dr. Gerda Johannessen

Dürfen Sie glücklich sein?

Eine unerlässliche Lebenshilfe

AUGUST VON GOETHE LITERATURVERLAG

IM GROSSEN HIRSCHGRABEN ZU FRANKFURT A/M

Das Programm des Verlages widmet sich
– in Erinnerung an die
Zusammenarbeit Heinrich Heines
und Annette von Droste-Hülshoffs
mit der Herausgeberin Elise von Hohenhausen –
der Literatur neuer Autoren.
Das Lektorat nimmt daher Manuskripte an,
um deren Einsendung das gebildete Publikum
gebeten wird.

©2010 FRANKFURTER LITERATURVERLAG FRANKFURT AM MAIN
Ein Unternehmen der Holding
FRANKFURTER VERLAGSGRUPPE
AKTIENGESELLSCHAFT AUGUST VON GOETHE
In der Straße des Goethehauses/Großer Hirschgraben 15
D-60311 Frankfurt a/M
Tel. 069-40-894-0 ✳ Fax 069-40-894-194
E-Mail: lektorat@frankfurter-literaturverlag.de

Medien- und Buchverlage
DR. VON HÄNSEL-HOHENHAUSEN
seit 1987

Websites der Verlagshäuser der Frankfurter Verlagsgruppe:

www.frankfurter-verlagsgruppe.de
www.frankfurter-literaturverlag.de
www.frankfurter-taschenbuchverlag.de
www.august-goethe-literaturverlag.de
www.fouque-literaturverlag.de
www.weimarer-schiller-presse.de
www.deutsche-hochschulschriften.de
www.deutsche-bibliothek-der-wissenschaften.de
www.haensel-hohenhausen.de

Bibliografische Information der Deutschen Nationalbibliothek
Die Deutsche Nationalbibliothek verzeichnet diese Publikation in der Deutschen
Nationalbibliografie; detaillierte bibliografische Daten sind im Internet
über http://dnb.d-nb.de abrufbar.

Lektorat: Katharina Zwing
Satz und Gestaltung: Benedikt Dürner M.A.

ISBN 978-3-8372-0754-5
ISBN 978-1-84698-780-9

1. Auflage: 2010
2. Auflage: 2010

Die Autoren des Verlags unterstützen den Bund Deutscher Schriftsteller e.V.,
der gemeinnützig neue Autoren bei der Verlagssuche berät.
Wenn Sie sich als Leser an dieser Förderung beteiligen möchten, überweisen Sie bitte
einen – auch gern geringen – Beitrag an die Volksbank Dreieich, Kto. 7305192, BLZ 505 922 00,
mit dem Stichwort „Literatur fördern". Die Autoren und der Verlag danken Ihnen dafür!

Gedruckt auf säurefreiem, alterungsbeständigem Papier,
hergestellt aus chlorfrei gebleichtem Zellstoff (TcF-Norm)

Printed in Germany

Ein herzliches Dankeschön an Susanne Hauer, die mich immer mit Rat und Tat unterstützt hat. Dank allen meinen Patienten, die mir soviel Kenntnisse über emotionale Zusammenhänge vermittelt haben.
Von ganzem Herzen Danke an meinen Mann!

Weihnachten 2008

Vorwort

Ich, Susanne Hauer, beglückwünsche Sie zu Ihrer Entscheidung, dieses Buch und seinen Inhalt kennenzulernen.

Was Sie hier in den Händen halten, ist keiner der üblichen Lebensberater, die uns sagen, dass wir glücklich, reich, entspannt, erfolgreich leben sollen. Das wissen wir bereits! Die uns aber weiterhin im Stich lassen, wo all das zu finden ist. Nirgends können wir nachlesen, wie wir diesen Zustand der Glückseligkeit, was auch immer das ist, erzeugen können. Es gibt zahlreiche Literatur, die uns verheißt, wohin die Reise geht, wenn wir den diversen Ratschlägen folgen. Ich unterstelle keinesfalls, dass diese Informationen absichtlich zurückgehalten werden. Nein, sie sind einfach nicht verfügbar. Denn die Entwicklung eines Menschen beginnt mit seiner Geburt (meiner Meinung nach allerdings viel früher) und nicht erst auf dem „Therapeutensofa". Dort bringt die ständige Wiederholung des offensichtlichen Problems, das sein Schicksal definiert, keinen Fortschritt. Im Gegenteil. Es manifestiert sich immer mehr, jedoch ohne einen Hinweis, wie man da „rauskommt". Auf den nachfolgenden Seiten werden Ihnen diese Informationen auf einfache und leicht nachvollziehbare Weise zugänglich gemacht, die Ihnen endlich die Lösung bieten.

In diesem Buch wird in aller Deutlichkeit und Ehrlichkeit ausgeführt, dass eine solche Entwicklung N U R möglich ist, wenn wir all das, was unsere Herkunft (unser Schicksal) ausmacht, in umfassender, ordnungsgemäßer Würdigung annehmen; denn nur auf diese Weise bekommen wir Freiheit von unseren schicksalsmäßigen „Sachzwängen", die uns ein Leben lang mit Wiederholungen begleiten. Die Freiheit ist ohne die Anerkennung unserer ins Leben mitgebrachten und erlernten Emotionen und Begrenzungen, die unser Dasein definieren, gar nicht erreichbar.

Ich persönlich betrachte es als großes Glück, die Autorin vor einigen Jahren getroffen zu haben. Ich lernte durch sie, die von ihr entwickelte systematische Therapie – ausgebaut und modifiziert auf der Grundlage der systemischen Therapie – in ihrer besonderen Form zu schätzen. Denn die Therapie, in Ausführung, systematischer Darstellung und Lösung, vermittelt mehr als nur eine Ahnung, wie jeder Einzelne die größte Freiheit und das größte Glück erleben kann, wenn er sich einem solchen Therapeuten anvertraut, um dann einen völlig anderen Lebensweg zu gehen.

Dennoch muss dieser völlig andere Weg, der zu einem völlig anderen Leben führen kann, keine Angst machen, wie es leider oft der Fall ist. Denn, wer will schon was völlig anderes? Jeder von uns fürchtet, die „bekannte Sicherheit", die uns das Hier und Jetzt bietet, aufzugeben. Schließlich ist dies alles, was wir haben und was uns ausmacht. Diese Befürchtung steckt in jedem von uns.

Das betrifft unter anderem die Familie, das berufliche Umfeld, die Freunde, Nachbarn und Bekannten, den Ort, in dem wir leben mit allen gesellschaftlichen Bindungen, die wir uns, so glauben wir, freiwillig ausgesucht haben.

Ich empfand keinen großen Leidensdruck. Ich war nicht krank im klassischen Sinn. Ich fühlte mich nicht unzufrieden oder gar unglücklich. Ich ging jeden Tag meiner beruflichen Tätigkeit nach. Alles war „eigentlich" in Ordnung.

Und doch hat mich das Seminar über systematische, systemische Therapie von Dr. Gerda Johannessen, das ich besuchte, tief berührt und neugierig gemacht. Natürlich auch mit einer gehörigen Portion ängstlicher Unsicherheit. Was sollte es bei mir schon zu regeln geben? Ich bin schließlich ein erwachsener Mensch, treffe selbst meine Entscheidungen und bin für mich selbst verantwortlich. Für alle anderen ist das sicher eine tolle Sache.

Und trotzdem wagte ich mich daran, mein Leben mit aller Ehrlichkeit anschauen zu lassen (denn selbst erkennt man nichts), um es dann in meine eigenen Hände zu nehmen; denn die unzähligen

Momente, die wir unachtsam übergehen, sind für all unsere Hemmnisse, Unglücke und gar Krankheiten verantwortlich.

Mit Beginn meiner Arbeit löste eine Erkenntnis die nächste ab. Und die waren meistens nicht wohltuend oder erfreulich. Die beschlagene Scheibe, durch die ich mein Leben und das der anderen sah, wurde immer klarer und damit auch der Schmerz des Abschieds spürbarer. Um nichts auf der Welt wollte ich zurück zum Anfang; denn erst jetzt war ich in der Lage, ein unendliches, nie zuvor in dieser Form gekanntes Gefühl der Freiheit und des Glücks zu erleben. Meine Ängste verschwanden.

Die im Buch beschriebene Arbeit ist für immer zu tun - bis ans Lebensende. Aber sie wird stetig weniger, leichter und macht viel mehr Freude. Ich empfinde es als grandios, dass wir diese Arbeit selbst machen. Allein wir sind dafür verantwortlich.

Viel Spaß bei Ihrer Arbeit!

Dies wünscht Ihnen Ihre Susanne Hauer

Aller Anfang ist schwer!

Die Idee, meine Arbeit publik zu machen, hatte ich schon vor langer Zeit. Mich um diese Arbeit zu kümmern erlaubte mir mein damaliger Zeitplan nicht, obwohl ich schon längst ein Buchskript verfasst hatte, das sich sehr gut verkaufte. Während meiner Heilpraktikertätigkeit hatte ich viele Verfahren angewandt: Skriptgeschichten, Globuli, Bachblüten, Hypnose, Rückführungen, NLP, Physiotherapien, Kinesiologie, Körpersprache, Augenbewegungen, um einige zu nennen. Aber zufrieden war ich mit den Ergebnissen nie. Mir war schon klar, dass nicht alle Patienten in ihrem Leben einen Rundumschlag machen wollten und eine Generalreinigung im Sinne von Gesundwerden und -bleiben anstrebten. Mit Generalreinigung meine ich körperlich-geistig-seelisch. Es fällt mir schwer, die Worte zu schreiben, so abgedroschen sind sie. Aber ich meine sie sehr ernst. Viele Patienten wollten nur eine momentane gesundheitliche Erleichterung und waren eher an spektakulären Bestätigungen ihrer Situation und deren Hintergründen interessiert. „Was halten sie von", „könnten wir nicht auch", „ich habe erfahren, dass meine Mutter", waren ihre Vorschläge, die zu nichts hilfreich waren. Das eher vordergründige Interesse an Gesundheit konnte man mit Rückführungen gut befriedigen. Das war`s dann aber auch. Bis zum nächsten Mal. Mich machte diese Art der Behandlung immer unzufriedener. Wieso gab es kein „globaleres", umfassenderes Konzept, die Gesundheit zu erhalten? Meine Unzufriedenheit trieb mich an, und über Jahre habe ich, unterstützt durch Erfahrungen aus meinen systemischen Familienseminaren, ein systematisches Gesundheitskonzept entwickelt. Mit dessen Anwendung praktiziere ich nun schon lange. Von meiner Seite fühle ich mich durch diese Art der Arbeit sehr befreit, zufrieden und glücklich. Ich habe in meinem Therapiekonzept alles, was im Moment an Erkenntnissen zugänglich ist, zusammengefasst. Die Absicht war, dem Patienten eine umfassende Problemlösung anzubieten, die er ganz handfest im täglichen Leben umsetzen kann. Kein Türchen zum Escapen bleibt mehr offen, wenn der Patient die Veränderung in seinem Leben will. Der freie Wille des Patienten entscheidet über die Art der Umsetzung im täglichen Leben: ob und wie er diesen vorgeschlagenen Weg gehen will, wie schnell oder langsam, wie geradlinig oder mit Umwegen, mit Pausen oder kontinuierlich.

Früher beobachtete ich, dass durch wochen- und monatelange Gesprächstherapien das Problem der Patienten permanent wiederholt wurde. Es wurde zum immer verstärkteren Lebensinhalt, was es ja zuvor auch schon war. Oft wurden die permanent beleuchteten Problemsituationen auf den Therapeuten übertragen und so mit ihm weitergeführt anstatt gelöst.

Bei meiner systematischen Therapie kann der Patient nach wie vor entscheiden, ob er seine Hausarbeiten machen will, wie oft, wie schnell, eine Auszeit nimmt, wiederholt oder gar als Klassenprimus durchs Leben wandert.

Ich gebe zu, dass ich ein bisschen Trauer empfinde, wenn meine Patienten das Therapiekonzept nur zögerlich durchführen und anwenden. Und manchmal bin ich auch ein bisschen ärgerlich, wenn ich durch einen Anruf erfahre, dass sie „keine Zeit mehr hatten" oder „die letzten Tage vergaßen, die Hausarbeiten zu machen" oder „nicht zuordnen" konnten, „zu wem eine Emotion gehört". Deshalb fühlen sie sich nicht gut.

Die Therapiearbeit lässt sich leicht im täglichen Leben einbauen, wie Hausarbeit, Schreibtischarbeit, wie Essen und Joggen. Vergleichbar ist die tägliche Hausarbeit mit Lesen und Schreiben lernen wie in der Schule. Je mehr Sie üben, desto besser werden Sie. Sie können eine Klasse überspringen oder eine wiederholen. Die Entscheidung liegt bei Ihnen. Sie sind frei in der Anwendung des Gelernten.

Die meisten Menschen wollen auf einem silbernen Tablett durchs Leben getragen werden. So etwas gibt es nicht. Keine der obenauf gelisteten Therapien bringt so etwas zustande. Aber die Faulheit und unser „innerer Schweinehund" hoffen darauf, dass es so etwas gibt. Ein paar Tröpfchen hier, „einrenken", eine Hypnose, ein tieferer Blick auf die Familie, das Anschauen eines einzelnen Problems, Energien einholen usw. sollen helfen. Falls Sie solche Erwartungen haben, verschaffen Ihnen alle möglichen Behandlungsverfahren nur eine zeitweise Erleichterung, bis Sie Ihre alten Strukturen wieder einholen. Unterm Strich hilft alles, aber nichts ganz. Die ganze Arbeit kann nur von Ihnen selbst und höchstpersönlich erledigt werden. Nur Sie können Ihr eigenes Leben aufbauen und ordnen. Ihr eigenes Leben können Sie nicht „bauen lassen". Dann ist es nämlich nicht das eigene.

Aus Zeitgründen war mir eine Veröffentlichung meiner systematischen Gedanken und der daraus resultierenden systematischen Behandlung und Therapie sowie deren Umsetzung im täglichen Leben nicht möglich.

Hilfe kam von unerwarteter Seite: Ich kenne eine ehemalige Patientin aus meiner Praxis. Sie wusste um meine dort angewandten Therapien, um den Inhalt meiner Seminare und Vorträge, die sie lange Zeit regelmäßig kostenlos besuchte. Wir waren kurze Zeit auch privat verbunden. Sie kannte meinen Wunsch nach einer Publikation und Ausarbeitung des vorhandenen Buchskripts, und sie hatte mehr frei verfügbare Zeit als ich.

Meine Patientin hatte in ihrem Leben sehr tief greifende persönliche Erfahrungen gemacht. Aber wie so oft gerieten die Erinnerungen daran mit zunehmendem zeitlichem Abstand von ihrer Krankheit in Vergessenheit. Die guten Vorsätze, die Therapieumsetzungen - das sind im täglichen Leben vier Punkte, die als Hausarbeiten zu machen sind - wurden bei ihr immer seltener. Aber, wie oben schon erwähnt: Die Therapie macht nicht abhängig, sondern lässt den Patienten frei in seiner Entscheidung, sich für mehr Glück im Leben zu entscheiden – oder eben nicht.

Durch die vielen Vorträge und das lange Beschäftigen mit den Grundlagen meiner Arbeit konnte ich deren Inhalte zu jeder Zeit formulieren. Und so nahmen wir eines Abends Fragen und Antworten auf Band auf, und meine ehemalige Patientin bedankte sich und schrieb das Ganze ab. Nun hatte ich einen kleinen Rohentwurf, den ich grammatikalisch, sprachlich und inhaltlich bearbeiten konnte. In ihm arbeitete ich auch mein früheres Buchskript ein. Das lang geplante Buch, das Sie in den Händen halten, nahm Gestalt an.

Dürfen Sie glücklich sein?

Sprechen Sie den Satz dreimal aus und betonen Sie jeweils ein anderes Wort!

Sind Sie bereit, Ihr Leben mal von einer anderen Seite anzuschauen? Von einer g a n z anderen. Dann lade ich Sie ein, zu einer ungewöhnlichen Denkweise, auf eine interessante Reise zu sich selbst und hin zu Ihren versteckten Potenzialen. Es steckt viel mehr in Ihnen, als Sie Ihrem Bewusstsein abverlangen. Ich erkläre Ihnen, wie Verhaltensmuster in Ihrem Körper gespeichert werden, wann dies geschieht, wie diese das ganze Leben hindurch Ihren Körper beeinflussen; ich erkläre Ihnen, dass und wie Sie Gefühle und Emotionen von Ihren Eltern übernehmen, wie unsere Vorfahren, sprich das Kollektiv, auf uns Einfluss nehmen. Zu guter Letzt biete ich Ihnen Lösungsmöglichkeiten an, die Sie im Alltag anwenden können, um emotionale und gefühlsmäßige Stabilität zu erreichen. Die „kleinen" Wunder des Alltags erkennen Sie dann viel schneller, weil der Nebel der emotionalen „Verstrickungen" sich nach und nach lichtet.

Viele Patienten wollen wissen, warum sie krank werden, wie der Mensch „tickt", wenn er anfällig wird für Krankheiten. Das Wissen über den Körper und seine Funktionen ist sehr hilfreich; nur, wie kommen Sie dauerhaft aus der krankheitsbedingten Lebenskrise? Denn gesund werden ist das eine, dauerhaft gesund bleiben ist das andere.

Symptome sind es, mit denen der Körper auf sich aufmerksam macht, damit Sie in Ihrem Leben etwas ändern. Aber die werden von Ihnen so gut wie nie beachtet, vielleicht erst im Nachhinein erkannt. Oder kümmern Sie sich bereits um die kleinen Anzeichen des Unwohlseins, die der Körper signalisiert? Es zwickt da und dort, etwas fühlt sich nicht gut an, es plagen Sie immer die gleichen destruktiven, negativen Gedanken, stets schmerzt der verspannte Rücken, das tränende Auge, das stechende Ohr, die juckende Haut, die Hämorrhoiden, die Magen-Darm-Infektion, die Blasenentzündung, das Herzziehen, die Gallenbeschwerden, die Kopfschmerzen, die Gelenkbeschwerden…

Die Schulmedizin ist bei einem akuten Krankheitsfall das einzig Richtige. Die Chirurgen sind die richtigen Helfer. Der Supergau wird durch sie behoben. Die Heilpraktiker haben die „besseren" Pillen. In einer Psychotherapie wird der „alte Käse" unter immer neuen Gesichtspunkten aufgewärmt. In den Selbsthilfegruppen erkennt man oft, dass keiner wirklich aus seinem Drama aussteigen will. Dabei fühlen sich alle wohl, wenn sie sich ihre „Gruselgeschichten" gegenseitig erzählen.

Reicht das zum Leben? Wie geht das Leben? Hat der Mensch etwas falsch gemacht, wenn er krank wird? Fragen über Fragen.

Zu Beginn meiner Arbeit beobachtete ich meine eigenen Gedanken. Was waren sie destruktiv! Als ich sie nach und nach ins Positive kehrte, besserte sich in meinem Leben vieles. Das war ein langer Weg. Erst nahm ich mir fünf Minuten vor, nur positive Gedanken zuzulassen! Nicht denken, der „blöde Autofahrer", die „dumme Verkäuferin", der „uneinsichtige Patient", die „nervigen Kinder", der „sture Partner", die „unsensiblen Nachbarn".

Und trotzdem merkte ich, dass ich bei gefühltem Stress immer wieder in die gleichen „alten" gewohnten Gedanken verfiel, ebenso wie viele Patienten in Stresssituationen immer wieder auf das gleiche „Krankheitsdrama" zurückgriffen. Ich erinnere mich an eine Patientin, die an der Bauchspeicheldrüse erkrankt war. Sie hatte die Krankheit zunächst überwunden. Im Moment steckt sie wieder in ihrem alten Schema, kann ihre Ehe nicht leben, genießen, sich nicht ihrem Ehemann zuwenden; zwischen beiden herrscht tiefes Schweigen - über Monate. Sie macht ihren Ehemann für die Beziehungskrise verantwortlich, weil er sich „hoffnungslos kindisch" verhält. Sie traut sich nicht zu, ihren Mann zu verlassen, um einen Neuanfang alleine zu wagen. Dies verbietet ihr nach eigener Aussage ihre ungesicherte finanzielle Situation, die entsteht, wenn sie ohne einen Partner lebt. Und in der momentanen Situation geht das schon gar nicht - wegen ihrer Krankheit. Und damit schließt sich der Ring. Die schlechte Ehe ist schuld an ihrer Krankheit, die Krankheit macht es unmöglich, aus der Ehe auszusteigen, die schlechte Ehe ist schuld an ihrer Krankheit, die Krankheit macht es ihr unmöglich...

In ihrer ersten Ehe hatte die Patientin die gleichen Strukturen gelebt. In der zweiten Ehe wiederholte sie das erlernte Schema. Vielleicht findet sich ein dritter „Retter in der Not". Erkennen Sie die bei der Patientin erlernte emotionale Gebundenheit und die emotional erlernte Lebensbetrachtung? Für die Patientin ergibt sich daraus zwanghaft, wie sie ihr Leben gestalten muss. Erkennen Sie, dass dies eine subjektive, „eingebildete" Betrachtung der Lebens- und Krankensituation dieser Patientin ist? Erkennen Sie, dass aber gerade die Haltung der Patientin zu den wiederkehrenden Situationen in ihrem Leben führt? Erkennen Sie, dass genau diese Verknüpfung im Leben der Patientin - „ich kann mich nicht selbst versorgen und deshalb halte ich die Ehe aufrecht, und weil ich die Ehe aufrechterhalten muss, bin ich krank, und weil ich krank bin, brauche ich einen Versorger" für die entsprechende Krankheit sorgt? Und zu guter Letzt ist der Partner „schuld", dass es ihr so schlecht geht...

Über solche Dinge möchte ich mit Ihnen gerne sprechen.

Sie gehören alle zu unseren Familien, deren Strukturen uns beeinflussen. Ob Sie gesund oder krank sind, in einem Unternehmen arbeiten, in einem Verein aktiv sind oder Ihre Beziehungen und Freundschaften pflegen, überall begegnen Ihnen die eigenen emotional erlernten Strukturen wieder und wieder.

Ich persönlich glaube, dass jeder von uns mit seiner Lebensaufgabe auf diese Welt gekommen ist. Und genau da, wo uns der Schuh drückt, liegt unser Schicksal bzw. unsere Lernaufgabe in dieser Welt.

Keine Philosophie, keine alternative Behandlung, kein Chirurg hilft uns da raus. Die schicksalhafte Bindung, in der Sie „gefangen sind", vollzieht sich auf und in dieser Welt, mit und in der Verwirklichung Ihres Lebens. D. h., alle Ereignisse und Begebenheiten Ihres Lebens „gestalten" es! Das meine ich zunächst passiv, in dem Sinne, dass in Ihrem Leben etwas geschieht, und nicht in dem Sinne, dass S i e einen bewussten Beitrag dazu leisten. Ein anderes Leben hat ein anderes Schicksal und damit andere Begebenheiten, die dabei eine Rolle spielen. Sie haben nicht mein Schicksal, mit meiner Familie und den darin gemachten Erfahrungen, und ich habe nicht Ihres. Tauschen ist nicht möglich, weil keiner die Erfahrungen des anderen kennt.

Kennen Sie übrigens die Definition von Erfahrung? Erfahrung ist, wenn man die Fehler öfter macht.

Viele Bücher sagen Ihnen, was Sie zu tun haben: „Denke groß", „lebe leicht", „lebe glücklich", „sei erfolgreich", „sei egoistisch" „liebe Dich und die anderen", „vergebe allen" und viele Vorschläge mehr. Aber niemand sagt Ihnen, wie Sie dahin kommen können. Wie setzen Sie solche Vorschläge konkret im täglichen Leben um? Wie leben Sie denn leicht, wenn Sie keinen Arbeitsplatz haben? Wie denken Sie groß, wenn Ihnen das Geld für die Telefonrechnung fehlt? Wie lieben sie sich selbst, wenn an Ihnen immer jemand etwas auszusetzen hat? Und wie lieben Sie den, der Sie permanent kritisiert?

Abgesehen davon fühlen Sie sich nicht von allen erwähnten Aufforderungen angesprochen. Manches davon ist in Ihrem täglichen Leben keineswegs ein Problem. Wenn Sie Ihre Freunde anschauen, hat jeder von ihnen „sein individuelles Problem". Und der, der leicht leben kann, muss es nicht lernen.

Er kann es bereits. Aber das hilft Ihnen nichts, es zu erkennen oder bei Ihrem Freund zu sehen! Deshalb können S i e es noch lange nicht!

Schließlich kann kein Mensch aus seinen Programmen aussteigen, die er vor seiner Geburt in seinen Chromosomen mitbekommen hat. Alles ist dort fest verankert! Nicht nur Ihre Haut-, Haar-, Augenfarbe! Auch wie und was Sie denken, fühlen, wie Sie sich bewegen, kommunizieren, ob Sie gesund oder krank sind. Das ist sozusagen „geerbt".

Schließlich lassen Sie sich aus einer Zelle Ihres Körpers klonen. Und Sie entstehen identisch wieder!

Auch Ihre Eltern bestätigen Ihnen die durch sie verabreichten Chromosomenprogramme. Die sich anschließende Erziehung, die Auswahl der Mittel, die Umgebung, die sozialen Umfelder und Programme werden ebenfalls durch sie bestimmt.

Diese Programme sind ja wiederum im Chromosomenspeicher Ihrer Eltern enthalten und die wiederum in den Chromosomen Ihrer Großeltern, usw.

Und diese in Ihren Chromosomen verankerten Programme bestätigen Sie in allen Ihren Lebensjahren durch dazu passende Ereignisse und Begegnungen. Haben Sie also gelernt, dass Frauen zu viele Gefühle haben, dann treffen Sie auch immer solche Frauen. Haben sie gelernt, dass Männer immer verschlossen sind, dann treffen Sie auch solche. Und das ist ein ganz „mildes" Beispiel! Denken Sie nur an die Patientin im Kapitel „Dürfen Sie glücklich sein?". Das ist keineswegs mehr als „mildes" Beispiel zu bezeichnen. Schließlich muss sie zu einer so erlernten Struktur auch den passenden Partner finden, der ihr die gelernten Emotionen bestätigt.

Auch die Personen, die Sie fokussieren, passen nämlich genau in Ihr erlerntes Programm. Andere Männer und Frauen, denen Sie begegnen, schauen Sie gar nicht erst an. Sie können sicher sein, Sie sehen sie nicht einmal! Und wenn Sie einmal hinschauen, dann werden diese Personen durch Ihr erlerntes Programm gefiltert und ausgegrenzt, ja sogar abgewertet.

Zwischen Männern und Frauen ist diese Programmierung „das Beuteschema".

Aus diesem Kreislauf kommen Sie nur raus durch tägliche permanente Arbeit und durch die Umsetzung des medizinischen Wissens, wie diese emotionalen Speicher zu löschen sind. Wichtig ist hier an dieser Stelle zu sagen: ES IST MÖGLICH! Aber nur mit täglicher Arbeit!

Ich gebe Ihnen erst einmal die gedanklichen Grundlagen, die ganz pragmatischen Grundlagen, auf denen ich meine Arbeit aufbaue und die in letzter Instanz zur Lösung führen können, wenn Sie Ihre „Hausarbeiten" machen.

Ich führe dabei viele Erkenntnisse aus der Medizin, der Psychologie und aus angrenzenden Wissenschaften zu einer geschlossenen gedanklichen Einheit zusammen. Aus dieser Synergie entsteht ein ganzheitliches Konzept zur Lebenshilfe.

Es fing viel früher an.

„Bevor ich krank wurde, hatte ich viele unangenehme Gefühle und Situationen zu durchleben. Aber ans Krankwerden dachte ich dabei nicht." So und ähnliche Formulierungen höre ich bei einem Erstgespräch in meiner Praxis.

Unwohlsein, Beklemmung, Stress, Angst, Traurigkeit, Aggressivität, Wut, Verzweiflung, Ohnmacht, Einsamkeit, einfach Gefühle, die sich nicht gut anfühlen, sollten Grund genug sein, damit Sie etwas unternehmen, um sie nicht zu „erleiden". Denn das Leid beginnt hier. Und Leid ist ein Weg in die Krankheit. Bei Nichtbeachtung dieser Gefühle und Emotionen (ich differenziere hier nicht) führen Sie diese Gefühle früher oder später in eine Krankheit. Aber solche unangenehmen Gefühle und Situationen werden von Ihnen meist als unwichtig abgetan und finden keine weitere Beachtung. Bestenfalls versuchen Sie diese Gefühle zu vermeiden, indem Sie sich der beunruhigenden Situation nicht aussetzen. Oder wie es eine Bekannte von mir tut: Sie sagt sich permanent vor, wie sie sich zu fühlen hätte. „Es ist schön, dass ich hier bin, ich fühle mich richtig wohl." Dabei rutscht sie auf ihrem Stuhl unruhig hin und her, erhebt sich halb von der Sitzfläche, setzt sich wieder hin, schiebt den Kopf mit einer kleinen Drehung nach vorne, als wollte sie sich aus einer unangenehmen Umarmung lösen. Diese Handlungen laufen so lange ab, bis die Situation, in der sie sich unangenehm fühlte, beendet ist.

Erklärend muss ich erwähnen, dass die Patientin während ihrer Kindheit durch den Vater körperlich gezüchtigt wurde. Es war ein permanentes „Einprügeln", das sie täglich erlebte. Heute „prügelt" sie sich selbst - verbal. Auch die Art, wie sie mit Ihrer eigenen Familie spricht, klingt in Satzbau, Wortwahl, Stimmlage und Tonfall ebenfalls wie Prügel. Keineswegs liebenswert. Und wenn einmal ein freundliches Wort über ihre Lippen kommt, geht die Familie sofort auf Abwehr und in Hab-Acht Stellung, weil diese „freundliche Art" nur dazu dient, danach umso intensiver zu prügeln. Die Freundlichkeit dient nur dem Erlangen von Kenntnissen, die später als Alibi für die Prügel dienen können.

Meiner Meinung nach sollten bei den ersten Anzeichen von unguten Gefühlen bereits „Behandlungen" einsetzen. Das wäre eine sehr fürsorgliche Umgangsweise mit Ihrer eigenen Person. Aber sicher sehen Sie in diesem Stadium keine Veranlassung, etwas für sich zu tun. Sie sind ja nicht krank!

Wenn Sie sich in Ihrem Bekanntenkreis umsehen, dann erkennen Sie solche in den Chromosomen verankerten negativen Empfindungen und Gefühle und deren Verwirklichungen im täglichen Leben eines Menschen leichter. Zum wiederholten Mal konfrontiert

sich Ihre Freundin mit einem verständnislosen cholerischen Chef. Sie leidet unter dessen Zornesausbrüchen, und das nicht zum ersten Mal. Zum wiederholten Mal führt sie eine Beziehung, die durch das Fremdgehen ihres Mannes endet. Auch dieses Gefühl des Verlassenwerdens, des Versagens erleidet sie nicht zum ersten Mal. Zum wiederholten Mal schlägt sie ihre Kinder, obwohl sie das nie wollte. Diese unkontrollierten Wutausbrüche kann sie nicht steuern. Obwohl ihr Verstand das verurteilt, erleidet sie permanent solche Wutattacken. Und jedes Mal wird Ihr Leid, das Erlittene dadurch mehr. Wenn ich bei einer bestimmten Familie zu Besuch war, versuchte die Mutter des Jungen diesen als besonders wohl erzogen zu präsentieren. Er war ein kleiner liebenswerter Wildfang. Die Programme, die seine Mutter von ihm gesellschaftlich erwartete, hatte er nie erlernt. Die Mutter nahm, wenn sie mit dem Verhalten des Jungen unzufrieden war, diesen mit in ein Zimmer und hielt ihn unter schlimmsten Beschimpfungen fest. Wenn der Junge danach wieder an der Gesellschaft teilnahm, saß er am ganzen Körper zitternd da. Der Junge reagiert heute noch in Stresssituationen mit Tremor (Zittern). Ich vermute, er wird seine Kinder ebenso „erziehen". Ihrem zweiten Kind drohte die Mutter mit Weggehen, wenn es zu aktiv wurde. Als dieser Junge unlängst auf einer Klassenfahrt mit seinen Mitschülern in einem Zelt übernachtete, war das Drama groß. Er wollte nicht mit seinen Kameraden und von seiner Mutter getrennt schlafen. Die Verlust- und Trennungsangst war für ihn zu groß.
Die seelischen Belastungen, die aus solchen erlebten Situationen entstehen, werden immer größer - für alle Beteiligten. Solche „erlernten" Emotionen finden außerdem ihre Bestätigung in der Außenwelt! Sie kennen und treffen die Personen, haben die Begegnungen in Ihrer Umgebung und im Laufe Ihres Lebens, die Sie darin bestätigen.

Ist die „Ansammlung an Leid" groß genug und Ihr persönliches Leidenslimit ausgeschöpft, dann werden Sie krank. Die Krankheit verschafft Ihnen eine „Verschnaufpause" in Ihrem Leben, um aus der erlernten Emotionen zeitweise „raus"zukommen. Vielleicht hilft zusätzlich die räumliche Distanz zu Ihrer Umgebung und den damit verbundenen Emotionen - durch die Verlegung in ein Krankenhaus. Die neue Umgebung hält die alten Erinnerungen an die gewohnte Umgebung etwas auf Abstand. Aber das ist nur eine kleine Auszeit. Gleichzeitig entziehen Sie sich durch die Krankheit der Aufgabenstellung in Ihrem Leben, eben der Bewältigung Ihres Schicksals. Das schickt Ihnen mit Sicherheit die Krankheit, die Sie brauchen, um auf Ihre nicht beachteten negativen Emotionen hinzuweisen. Was Sie nicht „freiwillig" seelisch und geistig aufarbeiten, wirkt auf der körperlichen Ebene weiter. Und das „formuliert" Ihre Krankheit immer sehr klar und deutlich!

Schauen sie sich bitte in Ihrer Umgebung um! Bei anderen Menschen erkennen Sie solche Strukturen leicht.

Wiederholungen in Ihrem Leben entstehen, wenn Sie in Ihrem Leben nichts „lernen". Ich könnte auch sagen, Sie sammeln viele Erfahrungen!

Ich erinnere mich an eine Patientin mit 16 gescheiterten Beziehungen, die stets nach einem bestimmten Muster „abliefen". Im Grunde Ihres Herzens erschien Ihr der eigene Vater als der beste Ehemann, den sie sich vorstellen konnte. Jeder Partner wurde daran gemessen und so behandelt, dass er sich gar nicht erst als Ehemann qualifizieren konnte. Gleichzeitig waren die Partner auch „schwach" genug, um diese Frau nicht zu halten! Sie treffen die Partner, die Sie brauchen, damit sich Ihre erlernten Emotionen bestätigen.

Ich möchte eine wichtige Grundlage von emotional „erlernten Strukturen" erklären. Zunächst bestehen wir aus einem Chromosomensatz. Die Hälfte davon erhielten wir von unserer Mutter und die andere Hälfte vom Vater. Diese beiden wiederum hatten Eltern, die es genauso gemacht haben, und so weiter, zurück bis Adam und Eva. Auch in Ihren Chromosomen befindet sich etwas von allen

Ihren Vorfahren. Von der Oma haben Sie die energische Art, sich durchzusetzen und die Gicht. Vom Opa das Suchtpotenzial, die übermäßige Freude am Essen und Trinken. Vielleicht haben Sie das Verlangen, sich umzubringen, wenn Ihre Beziehung dramatisch endet, wie die Ihres Onkels. Der setzte seinem Leben gewaltsam ein Ende, als ihn seine Freundin verließ. Vielleicht lieben Sie „den Kitzel" beim Fremdgehen wie Ihr Großvater…

Ich kenne eine Familie, in der über mehrere Generationen hinweg einige Ehekandidaten als nicht standesgemäß erachtet wurden. Tatsächlich („Du wirst enterbt") und emotional („Du bist eine Schande für unsere Familie") verboten die Familien, diesen „unstandesgemäßen" Partner zu heiraten. Ein männliches Familienmitglied hielt diesem familiären Diktat nicht stand und brachte sich um. Bis zum heutigen Tag geschieht dies in jeder Generation dieser Familie. Auch wenn heute andere soziale Strukturen bestimmend sind, die Familie stellt die gleichen „Anforderungen" an ihre Mitglieder: Der angeheiratete Partner muss dem „sozialen Standard" der Familie entsprechen.

Der letzte Betroffene, der sich, wie alle vor ihm, durch Erhängen das Leben nahm, war um die 30 Jahre alt; das waren alle davor auch.

Wenn ich Mitgliedern, die anderen Familienverbänden angehören, davon erzähle, finden sie das „schlimm". Aber das „Programm" in der oben genannten Familie berührt sie nicht wirklich. Denn in anderen Familienverbänden herrschen andere emotionale Forderungen. Andere emotionale Strukturen wurden dort erlernt. Diesen in den jeweiligen Familien und Verbänden unterschiedlich erlernten emotionalen Strukturen sind die Mitglieder bewusst und unbewusst unterworfen. Deshalb „berühren" Sie nur diese eigenen Programme wirklich, nicht die von anderen, die Sie nicht emotional kennen.

Bin ich ein Klon?

Solche Speicher sind in Ihren Chromosomen verankert, ob Sie davon wissen oder nicht. Sie brauchen Ihnen nicht bewusst zu sein. Sie „kennen" und leben sie dennoch. Ich behaupte mal, Sie können gar nicht anders als diesen in Ihren Chromosomen gesetzten Programmen zu folgen. Denn all das Erlernte, auch über die Generationen hinweg, ist dort gespeichert. Und nur auf diesen Speicher haben Sie Zugriff. Es ist wie die Festplatte eines Computers. Drückt man bei der Tastatur auf einen bestimmten Knopf, kommt immer das gleiche Ergebnis. Wie in Ihrem Leben. Wann immer bei Ihnen eine Taste durch Geruch, Geschmack, Farben, Berührung oder bestimmte Geräusche betätigt wird, reagiert Ihr Körper gleich. Alle fünf oder sechs Sinne haben über Generationen hinweg Ihre Programme gesetzt.

Der dumpfe Aufprall eines Fußballes auf den Fuß des Spielers erinnert den Patienten an das Einschlagen einer Bombe während des Krieges. Es versetzt ihn heute immer noch in Todesangst. Und auch die Patienten aus der Nachkriegsgeneration erleben genau diese Emotionen wieder, ohne im Krieg persönlich dabei gewesen zu sein.

Ein Patient, der die zu klein gewordenen Hosen, Jacken und Pullis seiner Schwester auftragen musste - sie waren meist grün -, hasst diese Farbe bis zum heutigen Tag und meidet sie in allen Lebensbereichen.

Der Geruch von Desinfektionsmitteln erinnert Sie als Erwachsener an eine schlimme Zeit Ihrer Kindheit, als Sie - erstmals von Ihren Eltern getrennt - alleine im Krankenhaus lagen. Damals ertrugen Sie die Schmerzen einer Mandeloperation. Der Geruch löst in Ihnen heute noch unglaubliche Trennungsängste aus.

Als erwachsener Patient erinnert sich jeder Ihrer betroffenen Muskeln an die Schläge, die Ihnen von Ihrem Vater verabreicht wurden, weil Sie den Nachbarjungen verprügelt hatten. Der hatte Ihnen Ihr Taschenmesser weggenommen. Ob Sie sich heute durchsetzen können, wenn es um den Erhalt Ihres Eigentums geht? Oder müssen Sie sich darum prügeln?

Ihr Körper und der entsprechend traktierte Muskel „vergessen" nie. Kinesiologisch sind Verfahren für Muskeltests entwickelt worden, um das Muskelgedächtnis zu prüfen und abzufragen. Dazu ist es notwendig, die Zuordnung der Muskeln zu den einzelnen Organen zu kennen, um eine gute Zuordnung zu gewährleisten. Der ach so bekannte Armtest allein hilft nicht weiter.

Der Geruch von Spiegeleiern beim letzten gemeinsamen Frühstück Ihrer Eltern, bevor Ihr Vater auszog und die Familie verließ, ist in Ihrer Zukunft sicher kein Appetitanreger für dieses Gericht.

Alle Patienten mit solchen „Gefühlen" können geklont werden. Aus einer Zelle. Dann gibt es die gleiche Person mit dem gleichen Aussehen und mit den gleichen Eigenschaften und Gefühlen und… und… und. Also ist Ihr kompletter Speicher, Ihr komplettes Leben, Ihr Schicksal, in jeder Ihrer Zellen vorhanden. Aus diesem Grund ist Klonen möglich. Und aus diesem Grund haben Sie Ihr Programm in Ihren Zellen.

Solche Speicher sind nun einmal gesetzt und werden bewusst oder unbewusst in bestimmten Situationen, wenn die Erinnerung daran geweckt wird, abgerufen. Sie können eben auch nur abrufen, was gespeichert ist. Sie haben nur diesen Speicher, keinen anderen. Ob S i e sich an die gespeicherten Situationen bewusst erinnern oder nicht, spielt dabei keine Rolle. Der Speicher ist immer vorhanden. Ich hatte neulich eine Patientin, deren Großvater mit Juden zu tun hatte. Alle Ihre Kinder trugen typisch jüdische Namen und ihr einziges Enkelkind auch. Das mit dem Großvater und seiner Verbindung zu Juden war ihr bis dahin nicht bekannt.

Eine Patientin hatte oft schizophrene Schübe. Ihr Großvater väterlicherseits „beaufsichtigte" ein Konzentrationslager, in dem Juden „untergebracht" waren. Die Großeltern mütterlicherseits versteckten Juden vor dem verfolgenden Regime. Diese Tatsachen waren der Patientin bekannt. Eine Zuordnung, die sich für Ihre Krankheit ergab, erkannte sie nicht.

Wissen ist Macht, nichts wissen macht krank.

Was bedeutet hier wissen oder nicht?

Unsere Emotionen sind durch die „Würfelung" unserer Chromosomen bestimmt.

Nicht einmal der Forschung ist es bis jetzt gelungen, die dort gespeicherten komplexen Programme zu ergründen. Aber man kommt immer weiter in deren Erforschung.

Als Erstes ist darin das enthalten, was Sie sehr hautnah, im täglichen Beisammensein, von Ihren Eltern ab Geburt mitbekommen haben und später, wie Sie von ihnen erzogen wurden. Ihre Eltern wiederum haben es über die Chromosomen von den Großeltern erhalten und bestätigten in ihrem Leben und mit allem, was sie taten, die Programme der Vorfahren.

Diese Strukturen unserer Eltern sind Ihnen leicht zugänglich und präsent. Sie erinnern sich, „was Sie dürfen und was nicht, was Sie sollen und was nicht, was Sie müssen und was nicht". Ihre Eltern haben es Ihnen in Ihren Chromosomen und im täglichen Leben emotional vermittelt.

Zum Zweiten mischen in Ihren Chromosomen auch die Generationen vorher mit. Und deren Programme laufen bei Ihnen meist nicht bewusst, sondern unbewusst ab. Sie sind uns nicht so präsent wie die von den Eltern mitgegebenen. Dennoch sind sie in Ihnen enthalten. Selbst wenn Sie die Lebensgeschichten Ihrer Großeltern, Urgroßeltern nicht kennen, sind sie in Ihrem Chromosomenspeicher vorhanden. Auch Adam und Eva sind in Ihren Chromosomen präsent!

Aber auch wenn Sie das Schicksal Ihrer Vorfahren rational kennen, sind Sie nicht in der Lage, dieses in Verbindung zu Ihrem Schicksal zu sehen. Und selbst wenn Ihnen das gelänge, ist es Ihnen nicht möglich, aus dem Programm „auszusteigen". Das gelingt ab und zu Männern, deren Leidensdruck besonders stark ist und die gelernt haben, ihre Probleme autark zu lösen. Frauen brauchen eine vorgegebene Lösung „von außen". Ansonsten bleiben sie im Problem „hängen", und die emotionalen Situationen werden schlimmer empfunden als zuvor.

Wichtig ist, dass Ihre Vorfahren, ob Sie sie kennen oder nicht, ob Sie etwas über sie wissen oder nicht, stets in unserer Chromosomenmischung „präsent" sind, mit allem, was diese damals erlebt, erlitten und gefühlt hatten. Sie haben die Programme Ihrer Vorfahren „in sich". Und, was Sie in sich haben, gehört zu Ihnen, das sind Sie. Und was Sie sind, müssen Sie leben, ist in Ihrem Lebensprogramm fest verankert. Ist Ihr Schicksal!

Starke schicksalhafte Ereignisse in der Lebensgeschichte Ihrer Vorfahren und die daran geknüpften Emotionen werden an nachfolgende Generationen in den Chromosomen weitergegeben. Verbrechen, gewaltsamer Tod, Kriegsereignisse, ausgestoßene Familienmitglieder, umgebrachte Kinder, um nur einiges zu nennen, spielen dabei eine Rolle. Aber auch die Art, wie über Generationen hinweg Beziehungen strukturiert waren, mit und ohne Gefühle, Männer haben sich zuerst verabschiedet, Frauen lebten alleine weiter, mehrere Ehen werden eingegangen, es existieren außereheliche Kinder ..., „vererbt" sich weiter.

Alles „vererbt" sich weiter: Ich erinnere mich an die Teilnehmerin eines meiner Seminare, die permanent mit dem Kopf wackelte. Ihre Körperhaltung ließ darauf schließen, dass auf der rechten Vaterseite die männlichen Vorfahren Ursache dafür waren.

Dies stellte ich ihr gegenüber als Frage in den Raum: „Was war mit Ihrem Großvater väterlicherseits?"

Darauf antwortete sie, dass ihr Großvater väterlicherseits Henker war. Bei dieser Aussage blieb der Kopf plötzlich ruhig, und das über längere Zeit. Am nächsten Tag fühlte sie sich durch die Prüfung gestresst, und die alte Situation war wieder da. Der Kopf blieb nicht mehr ruhig.

Die Müdigkeit eines Patienten, besonders vormittags, immer zu einer bestimmten Zeit, kam von einem Vorfahren, einer Tante. Sie hatte sich zu dieser Zeit vergiftet. Besser gesagt, sie war zu dieser Zeit an den Folgen einer Vergiftung gestorben. Noch genauer betrachtet war es so, dass die Familie, die geschlossen die Kirmes besuchte, die geistig behinderte Tante in die Scheune sperrte, und das über mehrere Stunden. Auf einem Sims standen die in der Landwirtschaft gebräuchlichen „Gifte" griffbereit. Als der Durst der Eingesperrten groß genug war, trank die Tante aus einer der Flaschen. Sie starb erst am nächsten Tag, vormittags. Der Patient war nicht in der Lage, sich zu dieser Zeit dem Schlaf zu entziehen.

Eine Patientin hatte spastische Bronchitis. Ihr Onkel war in einem Silo erstickt.

Ein Patient hatte nicht zuordenbare Fußschmerzen (organisch war nichts festzustellen) und das ständige Gefühl, davonlaufen zu müssen. Sein Großvater väterlicherseits war erfolgreich aus der russischen Kriegsgefangenschaft zu Fuß nach Hause geflohen.

Eine Patientin klagte über eine Menge Unverträglichkeiten in der Nahrung. Es blieben nicht viele Nahrungsmittel, die sie noch zu sich nehmen konnte. Ein Kind ihrer Großmutter väterlicherseits war im Krieg verhungert. Also verhungert jetzt auch sie!

Ein Patient fühlte sich besonders zu jungen Männern hingezogen. Sein Großvater mütterlicherseits hatte eine Bäckerei und schlief mit den Bäckergesellen unter dem Dach seines Hauses, aber nicht bei seiner Frau in der Hauptwohnung. Das Interesse an den Gesellen war größer als das für seine Frau.

Kommt ein Patient und schildert seine körperlichen und seelischen Beschwerden, so ordne ich diese seinem familiären System zu. Ich beginne in der Regel mit den entfernten Vorfahren, nicht mit den Eltern. Erstere haben eine größere emotionale „Wucht".

Wann immer ich während einer Therapie in die „Rolle" eines Familienangehörigen schlüpfe, bekomme ich dessen Emotionen zu spüren. Für den betroffenen Patienten vermittelt sich so die Erkenntnis, dass diese Gefühle und Erkrankungen gar nicht „seine" sind. Ist z. B. ein Großvater verstorben und ich repräsentiere ihn vor dem Patienten, so reagiert dieser mit seinen in der Anamnese geschilderten körperlichen und seelischen Symptomen, soweit sie zum Großvater gehören. Er hat die gleichen Atembeschwerden, es zieht im Rücken, er möchte davonlaufen, er kann sich nicht bewegen, das Herz rast... Wenn sich der Patient auf die gleiche Ebene des Großvaters begibt (z.B. dieser liegt auf dem Boden, und er kniet sich daneben), verschwinden die geschilderten Symptome, die er von seinem Großvater übernommen hat.

Die Erleichterung darüber ist ihm körperlich deutlich anzumerken. Parkinsonpatienten werden sofort ruhig, wenn die Ursache, d.h. die Person und das Ereignis aus der Vergangenheit, welche/s das Zittern auslöste, aufgezeigt wird. Holen sich die Patienten die alten, erlernten, emotionalen Strukturen wieder bei, beginnt der Tremor von neuem.

Bereits die erstmalige Erkenntnis, ein Gefühl, auf der körperlichen, geistigen oder seelischen Ebene, erfahren zu haben, eine Krankheit „übernommen" zu haben, ist ein erster Lösungsschritt. Die Erkenntnis des Patienten, dass es sich dabei nicht um „seine Gefühle", nicht um „seine Krankheit" handelt, ist unendlich hilfreich, aber noch keine dauerhafte Lösung.

Höchstens bei Männern reicht eine solche Erkenntnis als endgültige Lösung aus. Männer haben gelernt, mit ihren Problemen alleine fertig zu werden, und das ist in dieser konfrontierenden Situation hilfreich.

Bei Frauen ist diese Art der Therapie schädlich. Das Aufzeigen von Problemen ist für Frauen keine Lösung. Dabei bleiben sie in der Erkenntnis der Ursachen und im Problem stecken. Frauen arbeiten kaum lösungsorientiert. Sie wollen lieber die Probleme von allen Seiten beleuchten, wiederholen und erneut besprechen. Frauen brauchen daher therapeutisch verbale Wiederholungen, um zu Lösungen zu kommen. Viele Patientinnen berichten, dass z. B. das Problem zwischen ihnen und ihrem Vater in einer Aufstellung sichtbar gemacht wurde. Dieses Sichtbarmachen ohne Lösungsvorschlag verschlimmerte jedoch ihre Situation.

Oder der Großvater wurde für die Angst einer Patientin aufgestellt. Deren Angst war danach unerträglich. Das heißt, das Problem war ohne Lösung noch präsenter als zuvor.

Diese Beispiele und die emotionalen Schilderungen von Frauen, die nur die Problematik vermittelt bekamen, haben mich zu dem Ergebnis geführt, dass Frauen eine rein lösungsorientierte Therapie brauchen. Aber Lösungen schaden auch Männern nicht. Frauen, die nur ein Problem „angeschaut" haben und keine komplette Lösung erhalten haben, empfinden danach eine Verschlimmerung ihrer Situation. Oft kommt es bei Frauen beim Anschauen von einzelnen Problemen ohne Lösung zu einer Verlagerung der zugrunde liegenden, erlernten emotionalen Struktur. Dies geschieht ab und zu auch bei Männern. Und das ist keine Lösung. Lesen Sie dazu das Kapitel „Ganzheitlich heißt ganz und nicht nur ein Drittel".

Ich erinnere mich noch an eine Patientin, die über wechselseitige Beschwerden, rechts und links im oberen Lendenwirbelbereich, klagte. Als ich vor ihr auf dem Boden lag, um den entsprechenden Vorfahren zu repräsentieren, konnte ich nur mit angewinkelten Beinen dort liegen bleiben.

Die Patientin sah dies und bestätigte mir, dass sie ebenfalls nur in dieser Stellung schlafen könne. Ansonsten seien die Schmerzen nicht erträglich. Die körperlichen Beschwerden waren also von diesem Vorfahren übernommen.

Diese Beispiele ließen sich endlos fortsetzen. Zu den Unterschieden zwischen Mann und Frau, auch außerhalb der Therapie, später mehr!

„Erziehung" hat man, ob man will oder nicht.

Einmal haben wir unseren Chromosomenspeicher. In jeder Zelle unseres Körpers. Ist unser Verhalten nicht auch „anerzogen"?

Das ist kein Widerspruch. Denn das Programm in den Chromosomen wird durch unsere Eltern in deren Erziehung bestätigt. Sie geben Ihnen, wie Sie jetzt wissen, nur ihr eigenes Programm weiter. Da sich die beiden Elternteile auch nur gefunden haben, weil sie sich nach ihren Programmen ausgesucht haben, passt alles wieder gut zusammen. Es finden sich Paare, die sich in ihrer Struktur, in ihren Programmen, erkennen. Andere Partner scheiden von vorneherein aus. Alle Männer wissen, welche Art Frauen sie bevorzugen und anschauen und welche „gar nicht in Frage kommen". „Beuteschema" nennen dies die Männer. Frauen kennen diese Programme ebenfalls. „Er soll groß und schwarzhaarig sein und Humor haben." Haben Sie aber gelernt, dass Ehemänner fremdgehen dürfen, dann werden Sie sich einen solchen „raussuchen".

Was also auf die Chromosomen als Bestätigung obendrauf kommt, ist die „Erziehung". Nach neueren Forschungsergebnissen finden sich an den DNS-Wendeln, dort wo der Speicher des Schicksals seinen Sitz hat, Annexe, Anhänge, die nach Bedarf ein- und ausgeschaltet werden, je nach Situation. Das kann bedeuten, dass äußere Umstände gewisse Strukturen begünstigen oder auch nicht. Damit könnte auch der Einfluss der Eltern, der Großeltern, der Adoptiveltern auf Ihre Erziehung gemeint sein. Das wird die Forschung noch herausfinden.

Ihre Gefühle werden Ihnen zuerst nonverbal in frühester Kindheit durch Bezugspersonen vermittelt, meistens durch Ihre Eltern. Meiner Meinung nach ist das nichts anderes als die „Bestätigung" des Chromosomenspeichers. Mit Geburt und vorgeburtlich speichert der Körper weiterhin auf dieser Basis alles, was ihm widerfährt und was in das vorgefertigte Schema seiner Chromosomen passt. Durch Gerüche, Geräusche, Farben, Berührungen, Geschmack werden alle ab jetzt aktiv gemachten emotionalen Erfahrungen im Körper verankert.

Meist können Sie im späteren Leben die erfahrenen Emotionen den zugrunde liegenden Ereignissen nicht mehr zuordnen.

Wenn Sie zum ersten Mal nicht mehr einnässten und Ihre Mutter dies mit Freude und Streicheleinheiten bestätigte, haben Sie eine positive Bestätigung, die Sie für immer begleitet. Wurden Sie aber gescholten, weil Sie zu lange brauchten, sauber zu werden, haben Sie auch später ein Problem bei Ihrer Stuhlentleerung.

In einem meiner Körperspracheseminare erzählte eine Teilnehmerin, dass ihr Vater abends betrunken die Straße heraufkam und schrie. Ihre Mutter versteckte daraufhin die Kinder, um sie dem Zugriff des Vaters zu entziehen. Die Erinnerung an diese Geräusche, das Brüllen und Schreien ihres Vaters, waren ihr immer noch präsent, verbunden mit der Angst davor, von ihm entdeckt zu werden.

Wann immer sie angeschrien wurde, entstanden bei ihr die gleichen Emotionen wie damals beim Brüllen ihres betrunkenen Vaters. Ihr Vater hatte sich längst aus dieser Welt aktiv verabschiedet. Und sie war längst kein Kind mehr.

Diese „emotionale Erziehung" führt verstärkt dazu, dass Sie durch das Raster Ihrer erlernten Programme andere Menschen, Situationen und Ereignisse filtern. Jede Begegnung durchläuft diesen Filter. Was durchpasst, passt nicht zu uns, findet keinen Eingang, keine Beachtung. Wir selektieren dadurch im späteren Leben Personen aus, die nicht in diesem Raster hängen bleiben. So erfolgt auch Ihre Partnerwahl. Keineswegs aus freien Stücken und unabhängig von Ihren familiären Gegebenheiten, wie Sie sich vielleicht einbilden.
Die emotionale Erziehung ist Ihre Brille, durch die Sie das Leben sehen. Viele hilfreiche Erfahrungen können daher gar nicht erst gemacht werden. Da Sie alles durch diese Brille sehen, bleiben Ihnen Dinge, die außerhalb Ihres Spektrums liegen, unsichtbar. Aber genau das würde Ihnen eine neue „Lebensperspektive" vermitteln, wenn Sie über den Brillenrand schauen könnten. Das würde eine Weiterentwicklung bedeuten, den Horizont zu erweitern und neue Dinge erfahren zu dürfen, die im System bisher nicht „erlaubt" waren.
Sind Sie schon einmal auf die Idee gekommen, sich spontan und liebenswert mit einem Straßenarbeiter zu unterhalten oder einen Punker zu fragen, mit wie viel Geduld und Liebe er seine Haare gestylt und gefärbt hat?
Wenn Sie „gelernt" haben, dass die Farben Grün und Rot in ihrer Bekleidung nicht passend kombinierbar sind, werden Sie sich in einer solchen Aufmachung nicht wohlfühlen. Dieses „Lernen" kann bewusst oder unbewusst erfolgt sein. Aber auch andere Menschen werden nach ihrer erlernten Farbwahl von Ihnen beurteilt und unter Umständen „ausgegrenzt", wenn sie da nicht reinpassen. Dabei sprechen wir n u r von Kleidung. Wir befolgen emotional erlernte

Meinungen und Wertungen. So bleiben Sie Ihrer Familie und deren Programmen treu. Sie bleiben Ihrer Familie tief verbunden in der Befolgung der erlernten Strukturen, ob Sie wollen oder nicht.

Weshalb liegen die Gabel links und das Messer rechts vom Teller?

Vieles, was Sie in Ihrer Familie „erlernt" hatten, wollten Sie später anders machen. Ohne Erfolg!

Sie und alle Mitmenschen sind den „Gesetzen" in unserer Familie, unserem Dorf, unserer Region, unserem Land und unserer Welt unterworfen. Angefangen von den Regeln der kleinsten Einheit bis hin zur größten. Die Bindungen, die Regeln, die Gesetze sind so stark, dass Sie sie nicht einmal mehr hinterfragen. Oder können Sie mir erklären, warum in unseren Regionen die Gabel links vom Teller und das Messer rechts davon liegt? Und Sie damit Ihre Nahrung zu sich nehmen! Schließlich führen die Araber das Essen mit der „sauberen" Hand zum Mund, ohne Messer und Gabel zu benutzen. Können Sie sich erklären, weshalb die Deutschen zur Begrüßung gerne die Hand reichen, die Franzosen sich rechts und links drei Mal auf die Wange küssen und in den nördlicheren Regionen eher Zurückhaltung bei der Begrüßung geübt wird?
Wir denken an ein vereintes Europa und sollten uns deshalb der kulturellen, gesellschaftlichen und sozialen Unterschiede und Gepflogenheiten bewusst werden. Die Unterschiede in Erziehung und Kultur sind nicht wenig. Außerdem kommen die individuellen Gepflogenheiten in den einzelnen Familien dazu,
die Art Weihnachten und Geburtstage zu feiern, Essen zuzubereiten, Familie und Haushalt zu organisieren, Freundschaften zu pflegen.
Selbst wenn Sie sich in einem fremden Kulturkreis befinden, versuchen Sie ein Stück des Gewohnten beizubehalten. Es ist wie

eingebrannt, stets präsent. Auch Ausländer in Deutschland und ausländische Deutsche kommen davon nicht los. Und wie viele Probleme das bereiten kann, sehen Sie tagtäglich. Sie fühlen sich an die erlernten Strukturen gebunden, um dazuzugehören, um zu überleben, um anerkannt zu werden. Ein Ausbruch aus diesen emotional erlernten Strukturen hat Folgen. Einmal in Ihrem persönlichen Empfinden: „Sie fühlen sich schuldig." Einmal durch die Gesellschaft, die Ihr Nicht-angepasst-Sein mit Sanktionen belegt, je nach Schweregrad Ihrer „Verfehlungen".

Bis zu einem gewissen Alter genügen die „Bestrafungen" der Eltern, um die geforderten und gewohnten Ordnungen in Ihrer Familie und in der Gesellschaft wieder herzustellen. Die Missachtung der gesellschaftlichen Regeln durch kriminelle Handlungen, wie Rauschgiftmissbrauch, übermäßiger Alkoholkonsum, Körperverletzungen, führen oft zum Ausschluss aus der Gesellschaft. Was als Missachtung gewertet wird, kann durchaus Entwicklungen zeitlicher und räumlicher Art unterliegen. Was vor 50 Jahren Gültigkeit hatte, hat diese heute nicht mehr, und was in Afrika gesellschaftlich gilt, findet in unseren Breitengraden keine gesellschaftliche Akzeptanz.

Sollten Sie jedoch zufällig einem Eingeborenenstamm angehören, der seine Feinde aus rituellem Anlass auffisst, dann wandern sie für diese Handlung in Deutschland ins Gefängnis. Niemand wird gesellschaftlichen Umgang mit Ihnen wünschen. Wenn Sie das Ritual als ein Mitglied des Eingeborenenstammes verweigern, schließen die Stammesbrüder sie aus ihrer Gemeinschaft aus. Ein Todesurteil! Ohne den Schutz Ihres Stammes überleben Sie nicht in einem Urwald.

Es kommt darauf an, dass Sie zur rechten Zeit am rechten Ort sind, um einer Strafe zu entgehen, um eine Handlung als emotional richtig oder verwerflich einzuordnen.

Was die Familie, die Gesellschaft, das Land, die Völker oder welche gesellschaftliche Einheit auch immer tolerieren, ist über lange

Zeiträume in „Regeln" gewachsen. Daran hat die Globalisierung noch nichts Wesentliches verändert.

Die Befolgung der jeweiligen „Regeln" sichert Ihnen den Zugang zu einer Gruppe. Sie vermittelt Ihnen eine gewisse Sicherheit, eine Art Geborgenheit, wenn Sie ihr angehören. Das kann auch ein Verein sein, ein Fußballklub, ein Reitverein, ein Golfklub, ein Angelverein, ein... Und die dort gültigen Regeln haben Sie zu beachten, sonst gehören Sie nicht dazu. Kleidung, Ausrüstung dienen als Kennzeichen Ihrer Zughörigkeit. Und das war schon immer so. Polizisten, Anwälte, Ärzte, Nutten, Zuhälter qualifizieren sich durch das Tragen bestimmter Kleidung. Einen Schotten erkennen Sie am Rock, einen Mönch an seiner Kutte, um einige traditionelle Bekleidungen zu nennen. In jüngerer Zeit sind neue optische Erscheinungen dazugekommen.

Unfreiheit sollten Sie bei einer Gruppenzugehörigkeit nicht empfinden, oder? Die Freiheit begrenzt sich dort, wo ich anderen damit schade. Wenn Sie jetzt im Ausland sind, passen Sie sich den emotionalen Gegebenheiten der Umgebung an. Ein schmaler Grat. Wenn ich bei meinem Mann in Norwegen, an der Westküste, bin, umarme ich nicht jeden Bekannten und küsse ihn ab, schüttele nicht bei jeder Begegnung Hände, halte keinen langen Blickkontakt oder spreche konkret über persönliche Dinge. Das ist dort nicht höflich und gebräuchlich. In Japan sollten Sie bei einer Begrüßung das Gegenüber nicht abküssen; in Russland ist das durchaus möglich.

Ich glaube, solche Kenntnisse sind sehr wichtig, um sich bei einem Aufenthalt im Ausland den dortigen Gepflogenheiten anzupassen. Das Erlernen und die Kenntnisse der Unterschiede zwischen Gruppen, Gemeinschaften und Völkern würden eine bessere Kommunikation ermöglichen. Aber dies ist persönlich mit viel Arbeit verbunden, da es ja eine Bearbeitung der Ihnen bekannten emotionalen Bindungen weit über den üblichen Rahmen hinaus bedeutet.

In einer Ehe mit einem Norweger sind dann nicht nur die üblichen Strukturen, die aus den einzelnen Herkunftsfamilien stammen, zu bearbeiten, sondern auch die, die sich aus der unterschiedlichen Länderzugehörigkeit ergeben.

Grillen als Schicksal

Stellen Sie sich vor, sie waren im Krabbelalter mit Ihren Eltern an einem schönen warmen Sommertag grillen. Ihre Mutter bereitet das Grillgut zu. Ihr Vater hebt eine Grube in der Erde aus, um ein richtig uriges Feuer zu entfachen. Sie sind relativ unbeaufsichtigt. Sie krabbeln durch das Gras und entdecken plötzlich, dass sich vor Ihren Augen etwas permanent bewegt in den Farben Rot, Orange und Gelb. Die Bewegungen und Farben faszinieren Sie. Sie krabbeln näher und näher. Es wird angenehm warm, und die Bewegungen der Flammen verstärken sich. Auch die Wärme nimmt zu. Kurz bevor Sie in das Feuer fallen, entdeckt Ihre Mutter die Situation und schreit entsetzt auf. Ihr Vater reagiert sofort und bewahrt Sie in letzter Sekunde vor den Flammen.
20 Jahre später liegen Sie mit Ihrem Freund, Ihrer Freundin im Bett. Es ist warm, die Bettwäsche ist gelb, orange und rot. Soll ich Ihnen noch mehr erzählen? Glauben Sie, es wird ein erfülltes Liebeserlebnis? Selbst, wenn Sie sich nicht mehr an die ursprüngliche Situation bewusst erinnern, ist sie in Ihren Zellen emotional verankert.
Der Körper ruft diesen Speicher immer wieder ab; denn er kennt nur dieses Programm.
Hier ein Trost: Im Moment ist die Farbe Grün modern.
Auch bei nicht erinnerbaren Missbrauchsituationen reagiert der entsprechende Muskel stets testbar und „erinnert" sich an die ursprüngliche Situation. Die „Erinnerung" wird durch eine erneute Berührung abgerufen. Der Muskel besteht aus vielen einzelnen

Zellen und deren gemeinsamem Speicher. Alle Zellen des Muskels haben ein „gemeinsames" Gedächtnis. Wie die Familienmitglieder über Generationen hinweg.

Sie kennen sicher kinesiologische Testungen. Ich meine aber nicht den Armtest, der vollkommen sinnlos für alle Testungen missbraucht wird. Jeder Muskel hat eine „bestimmte" Zuordnung zu einem Organ. Nicht jeder Muskel eignet sich für jede Art Testung. Um richtig zu testen, müssen Sie die Zuordnung des Muskels kennen. Dann gibt er die Antwort auf ihren emotional erlernten Speicher.

Das Gehirn, unser Schicksal, unsere Festplatte

Ebenso ist auf Ihrer „Festplatte" Gehirn Ihr komplett erlerntes Programm „eingebrannt". Wann immer Sie den gleichen emotionalen Knopf Ihres Körpercomputers betätigen (heißt wahrnehmen, mit all Ihren Sinnen, bewusst, meist jedoch unbewusst), erhalten Sie das gleiche Ergebnis Ihrer gespeicherten Gefühle und daraus resultierend Ihrer wiederholten Handlungen.

Das ist die Erklärung dafür, warum Ihnen immer wieder das Gleiche passiert - nur in anderer „Verpackung".

Durch Ihre Augenbewegung geben Sie zu erkennen, welchen Bereich der Festplatte Sie anzapfen, um sich in dem Erlebten zu bestätigen. Sie können nur Ihr erlerntes Programm abrufen. Ihr Computer kann auch nur auf seinen Speicher zurückgreifen und das wiedergeben, was dort vorhanden ist. Drücken Sie bei ihm auf eine bestimmte Taste, dann kommt immer das gleiche Ergebnis. Ermutigen Sie ihn doch, ein anderes Programm zu fahren! Ihr Computer und Sie haben kein anderes auf Ihrer Festplatte.

Im täglichen Leben suchen und erkennen Sie die Situationen, die Sie in Ihren erlernten Programmen bestätigen. Wie heißt es so schön:

„Man zieht die gleichen Situationen immer wieder an." Die gleichen Männer, die gleichen Freundinnen, die gleichen Erfahrungen. Denken Sie an die Patientin mit den sechzehn Beziehungen!

Mein Gehirn braucht eine neue Software.

Ich weiß, wie es geht und dass es geht. Aber dass es in der Anwendung so einfach ist, glaubt mir zunächst kaum jemand.

Es ist eine dauernde und tägliche Arbeit. Um ehrlich zu sein, für immer.

Aus der Blickrichtung eines Patienten lässt sich erkennen, wo im Gehirn er seinen Speicher hat. Insbesondere wenn er sehr alte emotionale Speicher, die schon von seinen Vorfahren kommen, abruft, schaut er nach unten.

Mir fällt eine vergewaltigte Patientin ein, die ihre Geschichte mit Blick auf den Boden, nach rechts unten, erzählte. Auf meine Bitte, mir bei ihrem Bericht in die Augen zu schauen, fing sie an zu weinen und schloss die Augen. Sie vermied den Augenkontakt, um dadurch einen Bezug zu mir und der Realität herzustellen. So konnte sie in ihrer „alten" Emotion bleiben. Meiner Bitte, ihre Schilderung mit einem Blick zur Zimmerdecke zu wiederholen, wollte sie zunächst nicht nachkommen. Als sie es dennoch tat, fand sie durch ihre Augenbewegung, die Aufschluss über den Speicherort im Gehirn gibt, durch den Blick nach oben dort keinen angelegten Speicher für das Geschehene. Sie konnte es nicht wiederholen.

Therapeutisch gesehen können Sie alle erlernten Emotionen einem Elternteil oder beiden zuordnen. Dazu brauchen Sie Ihre Vorfahren nicht mehr zu bemühen; denn die Eltern haben wiederum von ihren Vorfahren die Emotionen „geerbt".

Das erleichtert die Arbeit im täglichen Leben. Darauf komme ich später bei den Hausarbeiten zu sprechen.

Zunächst einige Hinweise:

Sie können sich nicht selbst beobachten, wo Sie im Augenblick der Schilderung eines Ereignisses oder beim Nachhängen Ihrer Gedanken Ihre Augen hinbewegen. Das läuft auch sehr schnell ab und ist für den Betroffenen nicht wahrnehmbar. Es gibt für Sie einen leichteren Weg zu erkennen, wann und an wen solche erlernten Emotionen zurückzugeben sind.

Ein Satz oder ein Gedanke, wie z. B. „immer laufen mir meine Freunde weg", wird emotional dem Elternteil zugeordnet, von dem er erlernt wurde. Sie spüren es sofort, zu wem diese Emotion gehört, am leichtesten in Ihrer Magengegend.

Wenn Sie „Pech haben", hatten Mutter und Vater die gleichen Strukturen an Sie weitergegeben. Dann bekommt jeder seinen Anteil zurück. In Gedanken. „Mama, Papa, das ist deine Auffassung von Freundschaften, dass alle Freunde früher oder später weglaufen. Du darfst diese Meinung behalten. Ich mache mir jetzt meine eigene Meinung. Alle meine Freunde bleiben bei mir, ab sofort." Dabei schauen Sie nach oben; denn dort findet sich eine neu zu programmierende, unbeschriebene Festplatte. Und die bekommt jetzt eine neue Software aufgespielt.

Es funktioniert, das weiß ich, aber es ist viel Arbeit. Sie begegnen nur den Dingen, die Sie emotional erlernt haben. Tausend Mal am Tag. Sich davon zu befreien ist eine Riesenaufgabe. Aber es wird täglich immer leichter! Wenn Sie die Rückgabe vergessen, sammeln Sie schnell wieder ein Päckchen an unguten Emotionen ein und sind abends „alle". Aber auch dann kann man noch zurückgeben. Es funktioniert immer.

Ich habe noch eine „alte" gute Methode, mit aktuellen, unguten Gefühlen bis hin zu Traumata umzugehen. Sie stellen sich vor, Sie haben die negative Situation in der einen Hand und die Befreiung daraus in der anderen Hand. Und nun tauschen Sie die Situationen von der einen Hand in die andere und wieder zurück und so weiter. Nach etwa 12-15 Mal Hin- und Herschieben und Handwechseln wissen Sie nicht mehr, in welcher Hand die eine Situation ist und in welcher die andere. Denn die negative Situation und die damit zusammenhängenden negativen Gefühle sind nicht mehr als negativ existent. Dieses Ergebnis hängt mit Ihrer Gehirnfunktion zusammen.

Erkenne Dein Schicksal - auch in Deiner Wirbelsäule!

Werfen Sie noch einmal einen Blick auf Ihre körperliche Seite, Ihre Programme in den einzelnen Zellen, in den Knochenzellen der Wirbelsäule.

Alle gemachten Erfahrungen über Generationen hinweg und im eigenen Leben finden auch in den Knochenzellen der Wirbelsäule ihren Niederschlag und bleiben dort gespeichert.
Bei der Entwicklung der Wirbelsäule ist die Erkenntnis wichtig, das Sie wissen, welcher Wirbel sich in welchem Lebensalter entwickelt. So können Sie später zuordnen, in welchem Zeitraum emotionale Verletzungen gesetzt wurden. Die Wirbelsäule entwickelt sich bis zum 21. Lebensjahr von unten nach oben.
Jeder Wirbel ist außerdem einem bestimmten „Organbereich" zuzuordnen. Die emotionalen Verknüpfungen zwischen den Organen, der Wirbelsäule und den zugrunde liegenden zeitlichen und inhaltlichen emotionalen Verletzungen während Ihres Aufwachsens sind also de facto bekannt.
Hatten Sie dabei in einem bestimmten Lebensabschnitt besonders viele Verletzungen, so wird später Ihr Körper an dieser zugeordneten Stelle Ihrer Wirbelsäule bei entsprechenden „erinnerbaren" Situa-

tionen mit dem erlernten Muster reagieren. Irgendwann, zu einem späteren Zeitpunkt, bei entsprechender Häufung der „erinnerbaren" Situationen, erfolgt die Reaktion in dem entsprechend innervierten Organ; denn seitlich der Wirbelsäule treten Nerven aus, die in bestimmte Organe führen. Und die sind das Ende der Reaktionskette. Aber dort ist nicht die Ursache der Organbeschwerden, wie fälschlich angenommen wird. Sie aber lassen das reagierende Organ behandeln, weil es Beschwerden macht. Das ist sicherlich vernünftig, um schmerzfrei zu sein - für den Augenblick. Aber es hat keine bleibende Wirkung für Ihre Gesundung. Entweder Ihre Beschwerden kommen wieder oder werden verlagert; denn die zugrunde liegende Emotion ist nicht „behandelt" oder gar verschwunden.

Geschahen die Ihnen zugefügten emotionalen Verletzungen besonders im unteren Bereich Ihrer Wirbelsäule, legen Sie recht kindliche Strukturen im Benehmen, der Sprache, den Gefühlen und Gedanken an den Tag. Z. B. bitten Sie, wie ein kleines Mädchen, dass Ihr Mann den Abfall wegträgt, ohne weitere Begründung. Oder Sie bitten ihn, mit Ihnen einen Spaziergang zu machen, einkaufen zu gehen, die Küche neu zu streichen, ohne Begründung. Eben, wie kleine Kinder bitten, ein Eis, ein Spielzeug zu bekommen. Die haben auch keine Erklärung, dass der Blutzuckerspiegel in ihrem Körper gerade zu niedrig ist oder das Spielzeug ihre geistige Entwicklung fördert.

Im nächsten höheren Wirbelsäulenabschnitt können Sie die Bereiche einer pubertierenden Haltung zuordnen. Erst einmal sind Sie gegen alles, was Sie hören, sehen, schmecken, fühlen, eben wie in der Pubertät. Die Antwort ist stets ein Nein, „so ist das nicht!" Sie kommen zu Ihrer Frau in die Küche, um ihr einige Handgriffe abzunehmen, und hören: „Lass nur, ich mach das schon!" Oder Ihre Frau erklärt Ihnen eine neu gemachte Erkenntnis. Ohne sich einzufühlen, ist Ihre Antwort: „Nein, so ist das nicht!" „Nein, so kannst Du das nicht anschauen!"

Im oberen Bereich der Wirbelsäule ist ein gewisses Pseudo-Erwach-sensein verankert. Das ist fast jedem Menschen geläufig. Macht es doch die tägliche Kommunikation leichter und geregelter. Dazu ge-hört auch, dass ich Dinge gelesen habe, Wissen allgemeiner und spezieller Art angesammelt habe und wiedergeben kann.

Natürlich finden emotionale Verletzungen nicht nur in einem Be-reich der Wirbelsäule statt. Sie sammeln alle im Laufe Ihrer ersten 21 Lebensjahre und häufen Sie in diesem Zeitraum an.

Immer müssen Sie erst die niederen Strukturen „bearbeiten", bevor Sie sich in den höheren weiter entwickeln können. Also die nie-deren Strukturen „brechen" die höheren, wie man aus der Psycho-logie weiß. Und diese Grundsätze gelten auch für den Aufbau der Wirbelsäule von unten nach oben. Sonst gibt es keine Stabilität.

Ganzheitlich heißt ganz und nicht nur ein Drittel!

Ich darf noch einmal darauf hinweisen: Kümmern Sie sich nur um die körperlichen Auswirkungen der ehemaligen Verletzungen in einem entsprechenden, später reagierenden Organ, vergessen Sie das Wichtigste, die vorher emotional gesetzten Ursachen in den Zellen Ihrer Wirbelsäule. Kümmern Sie sich nur um Ihre Wirbel-säule, dann vergessen Sie den emotionalen Speicher Ihrer Festplat-te, Ihres Gehirns. Also Wirbelsäule, Organ und Gehirn gehören untrennbar zusammen. Nur eines davon zu „behandeln" führt zu keinem bleibenden Erfolg. Alle drei Bereiche zusammen zu „behan-deln" ist ganzheitlich. So abgedroschen es auch klingt, Körper, Seele und Geist gehören zusammen behandelt, sonst erreichen Sie keine dauerhaft bleibende positive Veränderung. Höchstens eine „Verlage-rung" Ihres „erlernten" Problems.

Sehen Sie sich folgendes Patientenbeispiel an:

Alle Hautprobleme sind Abgrenzungsprobleme im Plus oder Minus.

Ein Patient hatte als Kind Akne. Er wurde von seiner Mutter als „Unfall" bezeichnet. Sein Vater war kriminell und hatte das Kind nie gesehen, weil sich die Mutter von ihm getrennt hatte. Mit Ernährungsumstellung und Globuli verschwand die Akne. Fünf Jahre später kam der Patient mit Neurodermitis. Ernährungsumstellung und Globuli halfen noch einmal. Nach sechs Jahren kam der Patient wieder und hatte Psoriasis (Schuppenflechte). Ein besonderer Befall war auf der Haut im Leberbereich, der rechts im Körper liegt und die Vaterseite repräsentiert. Krankhafte Veränderungen im Nagel- und Gelenkbereich waren bereits vorhanden. Sonnenbäder, Salztherapien, Ernährungsumstellung und Globuli hielten die Erscheinungen „in Schach". Nach 16 Jahren homöopathischer Behandlung hatte der Patient Hautkrebs.

Behandeln Sie nur die „Krankheit", bleibt die dahinterstehende Emotion, die für Ihre Krankheit verantwortlich ist, bestehen. Und verschwinden die Symptome durch die Behandlung, dann sucht sich der Patient für seine Emotion ein neues „Ventil", sprich eine neue Krankheit. Deshalb ist es unerlässlich, die hinter der Krankheit stehende Emotion zu erkennen und zu canceln. Vorher gibt es keine „Heilung". Dies war im geschilderten Fall aber unter keinen Umständen erwünscht.

Wirbelsäule und Sprache gehören zusammen!

Darf ich Ihnen noch einige sprachliche Beispiele für den emotionalen Speicher in Ihrer Wirbelsäule schildern?

Die Anhäufung von emotionalen Verletzungen in bestimmten Entwicklungsabschnitten der Wirbelsäule zeigt sich in Ihrem späteren Leben auch sprachlich. Besonders Frauen, aber auch Männer, die sehr viele „Verletzungen" im unteren Bereich der Wirbelsäule erlitten haben, reagieren oft sehr kindlich. Bemerkungen wie „ach Schatz, bitte, bitte, sei so lieb, nur das eine Mal, bitte, ich freue mich doch so", also sprachliche Strukturen wie bei Kindern, die um etwas bitten, liegen emotionale Verletzungen in den unteren Wirbelsäulenbereichen zugrunde. Pubertierende Verhaltensweisen resultieren aus zeitlich später gesetzten „Verletzungen" in der Wirbelsäule. Immer dagegen sein ist dann das Lebensprogramm: „Nein, so will ich das nicht. Ich bin dagegen, es so zu sehen, so zu machen. Ich bin dagegen, erst spazieren zu gehen und dann den Wagen aufzutanken." Oder jemand hat ein Pseudo-Erwachsensein entwickelt und weiß alles besser. „Ich habe gelesen, dass im Moment die Entwicklung in der Welt zum Besseren hin geschieht. Dafür gibt es Beispiele, wie... Alles deutet darauf hin."

Diese Programme sind mit der Entwicklung des letzten Wirbels, mit dem 21. Lebensjahr, abgeschlossen.

Die in Ihrer Wirbelsäule gesetzten niederen Entwicklungsstrukturen, die ursprünglichen Verletzungen im unteren Bereich der Wirbelsäule, setzen sich immer durch. Besonders in Stresssituationen werden sie die „höheren" Strukturen „brechen". Ihre Entwicklung im menschlichen Bereich ist daher nur möglich, wenn die niederen Verletzungen aufgearbeitet sind. Erst danach ist Ihre weitere persönliche Entwicklung möglich. Dazu später mehr.

Ihr Herz hat Gefühl, Ihre Nieren pflegen die Partnerschaft, Ihre Blase das Loslassen.

Ich erläutere Ihnen einige Organe und deren emotionale Bedeutung.

So stehen Erkrankungen der Blase für alle Probleme, die Sie nicht loslassen können. Sei es ein Kind, eine althergebrachte Idee, die nicht mehr passt, ein Partner, ein Gefühl. Wenn Sie dann Ihre Blaseninfektion haben, zeigt Ihnen der Körper, wie man Tröpfchen für Tröpfchen schmerzhaft „loslässt", sich davon trennt. Es ist wie bei einem Orgasmus, der auch nur durch das Loslassen zum Ausbruch kommen kann.

Herzprobleme entstehen durch verneinte und nicht gelebte Gefühle. Der Herzschrittmacher ersetzt den Schlagrhythmus des Herzens, wenn sein eigener nicht mehr funktioniert. Ab sofort beobachtet der Patient das Herz: War da nicht ein Aussetzer im Schlagrhythmus, könnte nicht die Batterie frühzeitig verbraucht sein? Jetzt hört der Patient intensiv auf sein Herz. Erst jetzt lernt er auf sein Herz zu hören, nachdem er den Gefühlen seines Herzens früher keine Beachtung geschenkt hatte.

Bei Hämorrhoiden - sie entstehen z. B. nach dem Fahrradfahren - hat der Patient die emotionale Haltung, er könnte „platzen". Aber ganz woanders. Das Fahrradfahren bedeutet eine „Abhebung" von der Erde. Die Erdverbundenheit und alle damit verbundenen Probleme sollten z. B. am Wochenende durch eine harmonische Fahrradtour mit der Familie behoben werden. Glaubt man. Aber so schaffen Sie keinen Familienfrieden. Der gehört ganz irdisch gelöst, ohne mit dem Fahrrad abzuheben.

Am Montagmorgen kommt dann die Hämorrhoiden-Quittung.

Nicht umsonst steht der untere Bereich der Wirbelsäule als Wurzelchakra symbolisch und tatsächlich für Erdverbundenheit und Stabilität im Leben. Es ist die Basis Ihres Lebens.

„Platzen" sollten Sie dort, wo es hingehört, bei Ihrer Frau, Ihrem Chef, den Nachbarn und sich zutrauen, dies auch zu tun. Im Grunde genommen sollten Sie natürlich nicht platzen, sondern die Probleme ganz irdisch anpacken und regeln, im Vorfeld einer Krankheit und am Beginn ihrer Entstehung. Aber Ihre Zellen haben dies nicht gelernt. Ihre Festplatte hat deshalb keinen Speicher angelegt, der Ihnen sagt, wie eine solche Regelung aussehen könnte. Also übernimmt dies Ihr Körper, der aufgrund der angestauten Emotionen platzt.

Auch die Art Ihrer Verdauung will Ihnen etwa sagen. Die Idee der Verdauung in Ihrem Körper ist die, das zu behalten, was Ihnen guttut, und das auszuscheiden, was Sie nicht brauchen können bzw. Ihnen schadet. Geben Sie alles her und behalten in Ihrem Körper nichts zum Leben, dann sind Sie sehr dünn.
Geben Sie gar nichts her und wollen für Ihren Körper alles behalten, dann vergiften Sie sich. Das Ergebnis ist früher oder später identisch. Sie haben nicht das, was Sie zum Leben brauchen.
Alle Hautprobleme sind Abgrenzungsprobleme im Plus oder Minus. Denken sie nur, wie viele Patienten mit Akne, Neurodermitis. Psoriasis (Schuppenflechte) oder Hautkrebs in die Praxen strömen. Die Zeit für Abgrenzung scheint im Moment schwierig zu sein.
Die Nieren sind paarig angelegt und haben daher eine „partnerschaftliche" Bedeutung. Wer sich diesen „partnerschaftlichen" Aufgaben nicht widmet, hängt am Ende an der Dialyse und hat jetzt Zeit dazu. Gemeint ist nicht d e r Partner, sondern allgemein Partnerschaften, auch mit Freunden, Nachbarn, Tieren.

Diese Beispiele lassen sich beliebig fortsetzen.

Darf ich wiederholen: Lassen Sie Ihre Krankheiten behandeln, indem Sie den dazugehörenden Wirbel ausrichten lassen, dann verspüren Sie sicherlich eine körperliche Erleichterung. Aber die zur

Krankheit führenden erlernten emotionalen Strukturen sind damit noch nicht verschwunden.

Hinter allen Krankheiten stecken die erwähnten, erlernten Emotionen, die Sie als Speicher anzapfen, um die entsprechende emotionale Bestätigung im täglichen Leben zu finden. Im schlimmsten Fall in Form einer Krankheit.

Die Mutter einer Patientin war vor ihrer Ehe Nonne. Bis an ihr Lebensende hatte sie sich die eingegangene Ehe nicht verziehen. Sie empfand wörtlich „geschlechtsbezogene" Handlungen in der Ehe als schlecht und gottlos. Die Patientin, die Tochter der ehemaligen Nonne, hatte die Gefühle ihrer Mutter während des Aufwachsens kennengelernt und übernommen. Bereits nach zwei Jahren ihrer eigenen Ehe hatte sie eine Totaloperation, die ihr dazu diente, sich ihrem Ehemann zu verweigern.

In einem anderen Fall kam eine Patientin mit massiven Eheproblemen in die Praxis. Körperlich klagte sie über Unterleibsbeschwerden dubioser Art. Organisch war alles in Ordnung. Als ihre Mutter ihren Vater verließ und zu ihrem neuen Partner zog, schlief die Patientin bis zu ihrem 14. Lebensjahr neben ihrem Vater im Ehebett.

Ähnlich verhielt es sich mit einer anderen Patientin, die bis zum Tod ihres Großvaters, dessen Klavierfirma sie geerbt hatte, mit ihm das Zimmer teilte. In jedem Hotel wurde bei einer Übernachtung ein Doppelzimmer gemietet. Die Patientin hatte nie einen Partner. Ihre Großmutter lebte zurückgezogen ihr eigenes Leben und hatte einen verheirateten Freund, in dessen Familie sie integriert war.

Eine schwergewichtige Patientin hatte fünf Geschwister. Der Vater in der Familie hatte lediglich eine „versorgende" Funktion, war aber emotional nicht präsent. Ihre Mutter war in der Familie „die Bessere". Um ihren Vater zu repräsentieren (Kinder nehmen heimlich immer vom „schwächeren" Elternteil), aß sie permanent im Übermaß. Danach war sie übergewichtig, kurzatmig und hatte Fußbeschwerden. Eine dauerhafte Beziehung zu einem Mann konnte sie nie erleben. Als sie einmal einen Freund hatte, bediente dieser sich abends, bevor sie zu Bett gingen, am Kühlschrank. Eines Tages warf sie ihn aus diesem Anlass aus der Wohnung und beendete die Beziehung, da sie um ihre Vorräte fürchtete, wie sie sagte.

Chakren, auch ein Schicksal

Wir besitzen neben unserem physischen Körper einen Energiekörper, der wie eine Hülle um unseren Körper liegt. Hier sitzen an der Vorder- und Rückseite des Körpers die sogenannten Chakren. Man kann sie sich als eine Art Blütenkelche vorstellen, die an bestimmten Stellen der Wirbelsäule lokalisiert sind. Sie versorgen unseren Körper mit Energie. Es gibt sieben Hauptchakren. Das erste wird Wurzelchakra genannt und liegt im unteren Teil der Wirbelsäule, im Bereich des Kreuz- und Steißbeines. Hier beginnt die Entwicklung der Wirbelsäule und bildet gleichzeitig die Basis unserer Entwicklung. Dort wird der Grundstein für unsere Lebenspyramide gelegt.

Im Wurzelchakra ist die Basis für Ihre Lebenspyramide verankert. Deren gut fundierter Sockel bildet das breite Fundament Ihrer persönlichen Stabilität. Hier hat Ihre Erdverbundenheit ihre Wurzeln, die Sie Ihr ganzes Leben lang brauchen. Früher erlebte emotionale Verletzungen in diesem Bereich erschüttern Ihr Fundament bei der geringsten Belastung. Im späteren Leben erlittene Verletzungen lassen sich im Hier und Jetzt des Geschehens nicht beheben. Denn die Ursache für die heutigen Verletzungen und wie sie empfunden und verarbeitet werden, liegt viel weiter zurück.
Es bringt Ihnen nichts, in Ihr Herzchakra zu meditieren; denn die Ursache, dass Ihr Herz schmerzt, liegt im Wurzelchakra. Dort müssen Sie ansetzen, um eine Lösung zu finden und sich zu stabilisieren. Der

Anlass dazu wiederholt sich sonst nach Ihrem gesetzten Lebensplan immer wieder.

Weder Ihr Partner noch Ihr Herz sind schuld an Ihren eventuellen Missempfindungen. Aber in Ihrer Basis fehlt ein entscheidender emotionaler „Baustein", um aus der erlernten emotionalen Situation herauszukommen.

Sicher ist das Verlassenwerden durch einen Partner eine tiefe emotionale Erfahrung. Aber es sollte nicht dazu führen, dass Sie Ihr ganzes Leben infrage stellen, sodass Ihr Selbstbewusstsein für den Alltag nicht mehr ausreicht.

Wieso fragen Sie sich nicht, von welchem Elternteil Sie gelernt haben, wie man einen Partner emotional ins Abseits stellt, wie man ihn „wegschickt" und dauerhaft vergrault? Viele Frauen, die wegen Eheproblemen kommen und deren Männer sich von Ihnen zurückgezogen haben oder eine neue Partnerin haben, sind sich schnell im Klaren, dass s i e es waren, die sich emotional vom Partner zurückgezogen haben und e r nur darauf reagierte. Der Wunsch, den Partner nach einer solchen Erkenntnis, dass nicht er , sondern Sie die Ursache für eine Trennung waren, zurückzugewinnen, ist kaum zu realisieren. Verletzte Männer vergessen nicht. Sie haben gelernt, sich zu schützen und laufen selten ein zweites Mal ins „offene Messer". Das ist ein „uraltes" männliches Programm.

Eine Patientin „behandelte" ihren Mann über Jahrzehnte mit permanenten Vorwürfen, einer Stimme, mit der keinem Hund zu befehlen wäre, und dies auch im Beisein ihrer Tochter. Der Ehemann will nichts mehr von seiner Frau wissen. Die Versuche, ihn wenigstens einen Tag „menschenwürdig" zu behandeln, wenigstens so, wie gute Bekannte oder ihre Kunden behandelt wurden, hielten nicht vor. Was müsste da passieren, damit sich der Mann gegenüber seiner Frau öffnet?

Eine andere Patientin berichtete, dass ihr Mann eine Freundin habe. Sie wolle ihn unbedingt zurück. Sie trage jetzt sexy Kleider, lasse ihn in der gemeinsamen Firma zu Wort kommen und erzähle jedem, dass er fremdgehe, um ihn ins Unrecht zu setzen. Die Kinder 10 und 12 Jahre, mussten dem Papa sagen, dass die Leute über ihn reden und er die Familie lächerlich mache. „Dabei ist seine Freundin gar nichts Besonderes, hat nichts und ist geschieden", bemerkte die Patientin. Ob sie durch diese Aktionen ihren Mann zurückgewinnt, glaube ich nicht!

Hier hilft nur „abgrundtiefe" Ehrlichkeit gegenüber sich selbst und dem eigenen Verhalten. Die Eltern beider Patientinnen hatten sich in ihren Ehen nur im Beruf „vereint" und sich privat arrangiert. Die Frauen hatten nach der ersten Enttäuschung über ihre Männer ihr Herz nie mehr geöffnet. Das, was der Ehemann konnte, konnten sie längst, sich beruflich selbst ernähren und dies noch besser als ihre Männer!

...wie ein Baum ohne Wurzeln

Das unterste Chakra hängt mit dem obersten Chakra, dem Scheitel- oder Kronenchakra, zusammen. Daher haben Ihre gedanklichen Höhenflüge nur Bestand, wenn die „Wurzel" stimmt und stabil ist. Ein Baum ohne Wurzel fällt um. Geistige Höhenflüge werden unglaubwürdig ohne Erdung und helfen bei keiner angestrebten Entwicklung.

Emotionale Verletzungen, die in frühester Kindheit gesetzt werden, können zu Unterleibsbeschwerden oder Beschwerden im Kreuz-Steißbeinbereich führen.

Ebenso schädigt zu frühe Erziehung zur Reinlichkeit das unterste Chakra. Im späteren Leben kann ein Patient durchaus Beeinträchtigung bei der Entwicklung im Scheitelchakra verspüren, wenn er in seiner Entwicklung dort angekommen ist. Aber die Ursache dafür liegt im Wurzelchakra. Wenn Sie sich die sieben Chakren des

Körpers als siebenarmigen Leuchter vorstellen, dann ist die mittlere Säule das Herzchakra, und entsprechend korrespondieren Wurzelchakra und Scheitelchakra, Sakralchakra und drittes Auge, Halschakra und Nabelchakra. Korrespondierend finden sich emotionale Abläufe und emotionale Entwicklungen und die entsprechenden Schädigungen in dem zugeordneten Körper: Bei Schädigung im Halschakra ist zuvor eine Schädigung im Nabelchakra gesetzt worden.

Das heißt, dass sich eine persönliche emotionale Entwicklung in Ihrem Leben nur auftun kann, wenn Sie diese Strukturen beachten. Höhere Strukturen unterdrücken zwar niedere, aber in Stresssituationen überwältigen immer die niederen die höheren.

Die Aura, das Energiefeld um den Körper herum, steht in Wechselwirkung zu den entsprechenden Einbrüchen am physischen Körper, an Muskeln, Organen, Skelett und umgekehrt. Ihre psychischen Programme steuern das Ganze.

Die Körperhaltung eines Menschen gibt Aufschluss über Störungen im Energieaustausch der Chakren mit der Umwelt.

Offene Chakren bedeuten einen hohen Kommunikationsaustausch, mit viel Potenzial und Energie. Unbewegte Chakren, die nur offen stehen, schaffen keinen Kommunikationsaustausch. Chakren, die in die verkehrte Richtung drehen, zeigen eine Projektion. Z. B. die emotionale Verankerung „alle Männer gehen fremd". Längere Stagnationen oder Blockaden des Energieflusses bedeuten Unwohlsein und Krankheiten.

Kalte Hände und Füße, die oft beim Konstitutionstyp leptosom vorkommen (bei Menschen daran zu erkennen, dass das Becken breiter ist als die Schultern), gehören zu Menschen, die Stärke vermeiden. Damit vermeiden sie auch neue Erfahrungen und können in ihrer Lebenssituation verweilen. Bei Leptosomen ist die untere Extremität, Füße und Beine, geschwächt.

Handelt es sich um krankhafte Erscheinungen, die im Körper wandern – das was ich unter Verlagerung von Emotionen verstehe (denken Sie an das Abgrenzungsproblem bei Hauterkrankungen) –, dann ist das erlernte emotionale Muster: „Das Leben läuft wie geschmiert." Tiefe Gefühle werden vermieden oder sind gar nicht vorhanden. Die Patienten beenden diese Lebenshaltung abrupt mit einer „unerwarteten" Krankheit oder einem „unerwarteten" Unfall. Fettansammlungen im Körper an bestimmten Körperstellen und Muskelverspannungen in bestimmten Körperregionen lassen auf unterdrückte Gefühle in den zugeordneten Bereichen schließen.

Chronische Beschwerden sind die häufigste Folge. Eine Zuordnung lässt sich dabei leicht und eindeutig vornehmen: rechte Seite, linke Seite, vordere und hintere Körperseite = Vater- Mutterseite, weibliche Vorfahren, männliche Vorfahren. Die berechtigte Frage, welche Einschränkung dadurch für den Patienten gegeben ist, gibt endgültigen Aufschluss über die dahinterstehende emotionale Lebenshaltung.

Wenn Sie Ihren rechten Fuß aufgrund einer lymphatischen Schwellung nicht mehr bewegen können, dann betrifft das Ihre analytische Seite und die Tatsache, dass Sie mit Ihrer verweigerten Analyse nicht mehr von A nach B gelangen können, weil Sie Ihr Fuß nicht mehr trägt. Gleichzeitig ist klar, dass Sie den dahinterstehenden emotionalen Akt von Ihrem Vater übernommen haben. Aber, wenn er mit seinen logischen Gedanken nicht weiterkam, was hat das mit Ihnen zu tun?

Kinesiologisch lassen sich emotional erlernte Speicher in den dazugehörenden Muskeln testen. Aber, wie schon erwähnt: Dazu müssen Sie die genaue Zuordnung der Muskeln kennen, sonst ist es Scharlatanerie. Ein Armtest beweist keine Herzverletzung oder eine Lungenbeeinträchtigung.

Es gäbe noch weitere Beispiele, aber die zu erwähnen erscheint mir nicht pragmatisch genug. Ob Sie Zugang zum Inhalt dieser Beschreibungen haben, weiß ich nicht. Vielleicht empfinden Sie diese

Aussagen als unrealistisch. Also belasse ich es bei Hinweisen darauf, dass solche Dinge existieren und auch ausgeforscht sind, aber nicht allgemein bekannt gemacht wurden.

Erstaunlich ist nur, dass auch bei der Betrachtung der Chakren und der Aura eines Menschen - ob Sie nun Zugang dazu haben oder nicht - die gleichen Ergebnisse herauskommen wie bei der Betrachtung der Wirbelsäule oder der Chromosomen. Auch die Zuordnung von Farben und Tönen zu den Chakren gibt ein stimmiges und brauchbare Behandlungskonzept. Jede Kultur hat eine eigene Sicht auf menschliche körperliche, geistige und seelische Entwicklungen und beschreibt sie unterschiedlich. Aber inhaltlich gleichen sich die kulturellen Sichtweisen.

Was hat denn die Aura, meine Ausstrahlung, mit meinen Gefühlen zu tun?

Das mit der Aura ist für mich persönlich sehr interessant. Rein theoretisch können Sie an der Aura eines Menschen erkennen, wo er seine negativen emotionalen Speicher hat. Wie sich das äußert?

Meist sind es veränderte Farben, die ins Graue oder Schwarze gehen. Auch Ihre Aura kann sich verändern in ihrer Struktur und Farbe. Sie kann eine Art Auswüchse bekommen.

Wie im vorherigen Kapitel erwähnt, sind Aura und Chakren eine Möglichkeit, wie man emotionale Verletzungen wahrnehmen kann. Nur ist es so, dass die Menschen selten die Aura von anderen sehen können. Im Moment ist es modern, Aurasehen zu erlernen. Nun gut, aber wozu? Eine Lösung ergibt sich daraus nicht, obwohl die Chakren, die Kommunikationszentren im Körper, mit erlernten Verletzungen der Wirbelsäule in unmittelbarem Zusammenhang stehen. Also kann ich auch über die Wirbel zum gleichen Ergebnis kommen. Die Zuordnung der einzelnen Wirbelverletzungen und deren emotionale Entsprechungen in den Organen sind hinreichend bekannt.

Wenn Sie beispielsweise Probleme mit Ihrem 4. Lendenwirbel haben, dann reagiert Ihr Körper evt. mit Hexenschuss, mit Problemen beim Harnlassen oder mit der Prostata. Betroffen ist dabei das Sexualchakra, immer in Verbindung mit dem Wurzelchakra. Die beiden reagieren stets gemeinsam. Das Wurzelchakra stabilisiert, wie stets, die Pyramidenbasis. Das emotional erlernte fehlgeleitete Muster ist „ich bin nicht sicher, nicht geborgen", „nichts wert, keiner liebt mich", „im Leben finde ich keinen Platz, alle trampeln auf mir rum, was ich alles erleiden muss".
Immer fühlen Sie sich selbst schuldig! Genau nach diesen Vorgaben wird der Knopf Ihres Computers immer die gleiche Antwort geben. Sie finden nie den Partner, der Sie liebt. Ihre Sexualität liegt im Argen, weil Sie nie das Vertrauen finden, sich in der Liebe, im sexuellen Akt, fallen zu lassen. Und die Schuld liegt - wie immer - bei Ihnen. Sie gehen von einem Arzt zum anderen, aber das reagierende Organ ist nicht die Ursache Ihrer emotionalen Enttäuschungen. Die Stabilität und das Urvertrauen fehlen Ihnen.
Es gibt natürlich auch andere erlernte Reaktionsmuster: „Schuld sind immer die anderen!" Aber aus dieser emotionalen Haltung resultiert auch keine Eigenverantwortung; denn Sie überlassen den anderen das Feld, über Sie zu bestimmen. Erdulden haben Sie in beiden Fällen erlernt!

In Beziehungen, Partnerschaften, Ehen, Freundschaften, beruflichen Verbindungen sind Verletzungen nicht selten: einmal ist das Muster zu verletzen „erlernt", zum anderen geschehen Verletzungen auch aufgrund der unterschiedlichen Strukturierungen bei Männern und Frauen. Wie kann ich mich in meiner Partnerschaft, in meinen Beziehungen „ausliefern", wenn der Partner mich geschlagen, belogen, hintergangen, verraten, betrogen hat?

Nehmen Sie Ihren 7. Halswirbel, der so exponiert ist, dass er vorsteht, der Prominenz. Er führt bei Fehlhaltungen zu Schulterbeschwerden und Schilddrüsenstörungen. Er reagiert aufgrund erlittener Ängste und depressiver Verstimmungen. Und dieser früher erlittene Schmerz ist als Speicher in Ihren Zellen. Im späteren Leben erfahren Sie Demütigungen, fühlen sich unterdrückt und können sich nicht wehren. Diese Gefühle können jedoch nur bleibend erfahren werden, wenn ich in meiner Basis, meinem Wurzelchakra, keine Stabilität erlernt habe, durch die mangelnde Liebe meiner Eltern.

Also müssen Sie dort beginnen, die Basis zu festigen, dann verschwindet die Fehlstellung im oberen Bereich. Das, was „unten" entstanden ist, kann auch nur dort bleibend bearbeitet und gelöscht werden.

So hat jeder Ihrer Wirbel seine Bedeutung beim Erlernen Ihrer emotionalen Strukturen, und Sie antworten darauf mit der entsprechenden erlernten emotionalen Reaktion. Ihr Körper, seine Zellen, Ihr Gehirnspeicher kennen die Antwort im Voraus.

Und - falls Sie die Aura sehen können - aus solchen eben geschilderten Emotionen und deren Störungen resultiert die Farbe der Aura und ihre entsprechenden Farb- und Formveränderungen.

Ich treffe mich immer wieder in der Tür

Das Wurzelchakra wird dem Tastsinn zugeordnet, das nächste, das Sexualchakra, dem Gefühlsleben, das Nabelchakra dem Intellekt, das Herzchakra der Liebe zu allen Menschen, das Kehlchakra steht für eigenverantwortliches Handeln durch Worte und Taten, das Stirnchakra steht für die Betrachtung allen Lebens und für himmlische Liebe. Das Scheitelchakra vermittelt die Erkenntnis, dass unsere Persönlichkeit nicht nur erdverbunden ist, sondern auch an ein höheres Bewusstsein angeschlossen ist.

Danach, in Ihrem weiteren Leben, Ihrer weiteren Entwicklung, treffen Sie sich mit Ihren gespeicherten emotionalen Verletzungen und den daraus resultierenden Entwicklungen und Begegnungen immer wieder „in der Tür".

Das heißt, Sie begegnen den Ereignissen, die Sie schicksalhaft erlernt haben, stets wieder. Die unten stehende Abbildung soll dies verdeutlichen.

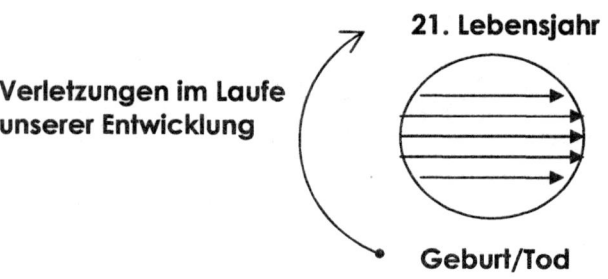

21. Lebensjahr

Verletzungen im Laufe
unserer Entwicklung

korrespondierende
Erfahrungen

Geburt/Tod

Mein Lieblingskind: der energetische Ausgleich

Mein Lieblingskind ist der energetische Ausgleich. Was heißt das?

Haltungsschäden geben Ihnen Aufschluss darüber, wo im Körper eine Störung des Energieaustauschs zu finden ist. Und das ist für Sie wahrscheinlich leichter zu erkennen als die Aura und deren Störungen.

Wenn Sie sich vorstellen, dass ein verspannter Muskel auf Ihrer rechten Körperseite existiert, dann ist der Gegenspieler zu diesem Muskel auf der linken Seite zu schwach und erlaubt deshalb den angespannten rechten Muskel, sich zu verspannen. Ohne diese „Erlaubnis", der Schwäche auf der linken Seite, könnte der andere nicht verspannt, zusammengezogen sein. Um diese Haltung beizubehalten, „schmarotzt" die rechte Körperseite mit einem Zuviel an Energie von der linken. Stärken Sie nun die linke Seite, den linken Muskel, dann schaffen Sie einen energetischen Ausgleich. Die Stärke der linken Seite muss also der rechten entsprechen, um eine Balance herzustellen. Dann ist der Körper ausgeglichen.

Aber wie viele Muskelverspannungen und Beschwerden des Bewegungsapparates haben Sie denn? Einmal zwickt es dort, spannt es hier. Einmal schmerzt die Schulter, dann der Fuß. Die Zeichen des Körpers sind nichts anderes als „Erinnerungen" an früher Erlerntes. In bestimmten emotionalen Situationen kommen die gleichen körperlichen Reaktionen wieder. Versäumen Sie die Rückgabe der negativen Programme über einen längeren Zeitraum, dann kann es zu einem körperlichen Zusammenbruch kommen. Damit verschafft sich Ihr Körper die Auszeit, die er braucht, um sich zu erholen und auszuspannen. Optimal nutzen können Sie eine solche Auszeit zum Aufarbeiten und Zurückgeben der erlernten negativen emotionalen

Strukturen. Diese emotionale Aufarbeitung Ihrerseits bewirkt eine körperliche Stabilität. Ihr Körper findet durch Ihre geänderte Emotion sein Gleichgewicht wieder.

Dabei stellt sich die Frage, wie es zu solchen Unbalancen überhaupt kommen kann. Kleinere energetische Unstimmigkeiten stecken Sie im Alltag weg. Dafür reichen Ihre Kräfte aus. Abgesehen davon ist der empfundene „Schmerz" nicht groß genug, damit sie auf Ihr „kleines" Ungleichgewicht reagieren.
Durch permanente Aufmerksamkeit für den eigenen Körper und dessen unangenehme Empfindungen sollten Sie eine Vermeidungsstrategie „wehret den Anfängen" schaffen. Die kleinsten Anzeichen wie Dinge mit Widerwillen auszuführen, Empfindungen wie Abscheu, Ärger, Ekel, Trauer, Unwohlsein in bestimmten Situationen, negative Bewertungen von Situationen und Menschen und Dingen und vieles mehr sollten für Sie Grund genug sein zu reagieren. Diese Gefühle gehören „zurückgegeben".

Das klingt relativ einfach, ist es aber nicht unbedingt. Meiner Meinung nach übergehen die meisten Menschen durch Selbstbetrug und permanente Negierung der Wahrheit diese kleinen Anzeichen, die zum Handeln auffordern.

Aber auch diese Strukturen, wann, wer auf solche Zeichen reagiert, ob Sie so eine Arbeit als leicht oder schwer empfinden, sind emotional erlernt. Und wie viele Entschuldigungen finden Sie, um diese Anzeichen zu übergehen? „Ich muss das machen weil, das kommt daher, weil, ich reagiere so, weil, mir fehlt momentan die Zeit, weil" und vieles mehr. Wenn das die Wahrheit wäre, dann hätten Sie bereits die Lösung und wären nicht in meiner Praxis gelandet. Aber Sie belügen sich damit selbst, um keine Veränderung angehen zu müssen.

Ein Ungleichgewicht kann überall auftreten. Unser Leben ist ganzheitlich definiert. Ich meine, ein Ungleichgewicht existiert nicht nur auf der körperlichen Ebene.

Auch auf der geistigen und seelischen: Sie können sich nur dann als friedfertig definieren, wenn es einen Menschen gibt, der Krieg führt. Ein stets passiver und friedfertiger Mensch ist als solcher nur erkennbar, weil es irgendwo einen kampfbegeisterten Krieger gibt. Ein warmes Gefühl empfinden Sie nur, weil am anderen Ende der Skala eine Bewertung für Kälte existiert. Die Bandbreite dazwischen ist vielfältig. Das sind Polaritäten, die auch körperlich, geistig und seelisch vorhanden sind.

Diese Polaritäten definieren nicht nur die Welt; sie existieren auch in Ihrer eigenen Person. Nur aggressiv zu sein, nur nachgiebig zu sein führt in Ihrer Haltung zu keiner Ausgeglichenheit, aber zu einem permanenten Ungleichgewicht, und das auf körperlicher, geistiger und seelischer Ebene.

Schauen Sie sich die Zuordnung im Körper einmal an!

Ich ordne die rechte Körperseite dem Vater, dem analytischen Bereich zu. Die linke Seite der Mutter, dem emotionalen Bereich. Außer Sie wären Linkshänder, dann ist dies hier umgekehrt. (Linkshänder sind daran zu erkennen, mit welcher Hand sie einen Gegenstand fangen.) Der Brustraum steht für die weiblichen Vorfahren. Der Rücken steht für die männlichen Vorfahren. Also sind auf der rechten Seite vorne die weiblichen Vorfahren des Vaters, auf der linke Seite vorne die weiblichen Vorfahren der Mutter. Auf der rechten Seite hinten sind die männlichen Vorfahren des Vaters, auf der linken Seite hinten die männlichen Vorfahren der Mutter.

Sind in Ihrer Familie die Frauen zu stark, geht diese Stärke zulasten der Männer. Die Töchter reagieren dann mit körperlichem Übergewicht. Sie schaffen sozusagen einen körperlichen Ausgleich im familiären Ungleichgewicht zwischen Mutter und Vater, der emotional nicht vorhanden war.

Das ist aber nicht der energetische Ausgleich, von dem ich spreche. Das gerade Geschilderte ist ein fehlgeleiteter, krankhafter, auf der körperlichen Ebene nach Ausgleich suchender Prozess. Das Ungleichgewicht auf der körperlichen Ebene entsteht, weil das Problem im emotionalen Bereich nicht geregelt ist. Wenn dies geschehen wäre, brauchte die körperliche Ebene nicht mehr zu reagieren.

Rein körperlich habe ich festgestellt, dass die meisten Ungleichgewichte von rechts nach links oder links nach rechts auszugleichen sind (Mutter, Vaterseite).

Also noch einmal: Sie teilen Ihren Körper in der Mitte, und die rechte Hälfte ordnen Sie Ihrem Vater zu und die linke Hälfte Ihrer Mutter. Kommt ein Patient, dessen rechte Schulter, die Muskeln rechts, also verspannt sind, dann hat er ein „Vaterproblem". Steht die rechte Schulter gleichzeitig nach vorn, der Oberkörper ist also auf dieser rechten Seite nach vorne geneigt, weil die Muskelgruppen dort zu stark sind, dann liegt das emotionale Problem des Patienten bei den weiblichen Vorfahren des Vaters.

hinten
(Rücken)
männl. Vorfahren

rechte Seite _____Körperachse_____linke Seite
Vaterseite   Mutterseite

vorne
(Brust)
weibl. Vorfahren

Dann geschieht der Ausgleich von vorne und hinten, vom Brustraum zum Rücken. Die männlichen Vorfahren auf der Vaterseite gehören gestärkt. Ebenso die Position des Vaters!

Der Ausgleich von oben nach unten oder umgekehrt ist äußerst selten.

Aller guten Dinge sind drei:
Stellen Sie sich noch einmal vor, Ihr Körper ist in der Mitte geteilt. Also finden sich auf der rechten Körperseite vorne, im Brustraum, die weiblichen Vorfahren Ihres Vaters. Auf der rechten Seite am Rücken finden sich die männlichen Vorfahren Ihres Vaters. Auf der linken Seite im Brustraum sind die weiblichen Vorfahren Ihrer Mutter zu finden und auf der linken Körperseite, am Rücken, die männlichen Vorfahren Ihrer Mutter.
Verknüpfen Sie diesen körperlichen Ausgleich mit einem geistigen (die Rückgabe der körperlich gespeicherten Emotion an Vater= rechte Körperseite oder Mutter= linke Körperseite, an weibliche Vorfahren= Brustraum oder männliche Vorfahren= Rücken), kommen Sie sofort aus Ihrer erlernten Emotion raus. Ein gutes Gefühl der Befreiung und Freiheit stellt sich ein.
Eine Lösung Ihrer körperlichen Beschwerden bei einmaliger Anwendung der emotionalen Rückgabe an Ihre Eltern oder deren Vorfahren ist nicht dauerhaft erreichbar; denn die gespeicherten emotionalen Erinnerungen sind durch äußere Einflüsse und damit gesetzte Speicher durch Geruch, Farbe, Geräusche und vieles mehr immer noch abrufbar. Es bedarf einer längeren Arbeit, um die „alte Festplatte" zu überspielen. Ich sage Ihnen später, bei den Hausarbeiten, noch genauer, wie Sie im konkreten Fall vorgehen, um Ihren Speicher zu löschen.
Ich habe einmal Fußreflexzonenmassage mit ausschließlich energetischem Ausgleich unterrichtet. Jeder ertastete Punkt, der reagierte, wurde zurückgegeben, wie oben dargestellt. Die Teilnehmer hatten

heftige Reaktionen, aber so viele glückliche und erleichterte Patienten gab es selten in einem Seminar.

Ich habe aber Magenbeschwerden!

Aber es geht ja noch weiter! Zur Erinnerung: Die Nerven, die entlang der Wirbelsäule austreten, versorgen im jeweiligen Bereich die entsprechenden Organe. So kann man z.B. die Unterleibsbeschwerden dem unteren Bereich der Wirbelsäule zuordnen. Jedes Organ Ihres Körpers wird innerviert von den seitlich aus der Wirbelsäule austretenden Nerven und reagiert in der Folge Ihres Lebens durch permanente „Erinnerung". Bei Stresssituationen in der Schulzeit hatten Sie immer Bauchbeschwerden und Durchfall. So ging Ihr ganzes Wissen „den Bach runter". Und heute noch, bei jedem Vorstellungsgespräch und bei jedem Gespräch mit Ihrem Chef, haben Sie die gleichen körperlichen Reaktionen. Die körperlichen und geistigen Erinnerungen an früher bewirken die gleichen körperlichen Symptome.

In meinen Seminaren sitzen im Unterricht keine „erwachsenen" Leute, sondern Kinder, die ihre schulischen Erinnerungen immer noch abrufen und wie zu ihren Schulzeiten reagieren. Da wird in einer Prüfung geweint oder die Behauptung aufgestellt, „ich habe alles vergessen", „ich kann mir das alles nicht merken" oder „der Unterricht war zu schnell". Die Erklärungen sind, je nach emotionalem Erlernen, unendlich. Aber jeder ruft von seiner Festplatte, seinem Gehirn, das ab, was dieses gespeichert hat. Jetzt neue Lerntechniken oder Meditationstechniken zu bemühen, um diese Reaktionen zu beheben, verschlechtert die Situation. Bestenfalls kommt es zu einer Verlagerung der gespeicherten Emotionen. Ich gebe Ihnen ein Beispiel.

Und ich habe Neurodermitis!

Wenn jemand mit einem Abgrenzungsproblem (zuviel oder zuwenig Zuwendung) groß geworden ist, dann reagiert die Haut. Vgl. S.22. Wird nun die angeborene Neurodermitis behandelt, so kommt der Patient nach Jahren wieder und hat Akne. Diese lässt sich behandeln. Nach Jahren kommt er wieder und hat Psoriasis, Schuppenflechte. Nach deren Behandlung vergehen Jahre. Nun kommt der Patient mit Hautkrebs zu Ihnen. Wenn die, für die Abgrenzungsproblematik zugrunde liegende Emotion nicht verändert wird, bleibt der Patient darin verhaftet und verlagert die erlernte Emotion auf eine „andere Ebene", wohin auch immer. Dies verdeutlicht das Beispiel. Besonders die bei Psoriasis angewandten Therapien, wie Sonnen- und Salzbäder", liebkosen die Haut. Aber die fehlenden Streicheleinheiten eines in der Kindheit schmerzlich vermissten Vaters können dadurch nicht ersetzt werden. Besonders bei dieser Art Erkrankung habe ich festgestellt, dass das emotional zuzuordnende Organ vom Hautbefall besonders betroffen ist.

Wenn das Wörtchen wenn nicht wär, wär ich…

Wären Sie mit bedingungsloser Liebe aufgewachsen, könnten Sie sich selbstbewusst entwickeln. Dazu hätten Sie Eltern gebraucht, die Ihnen als Kind das Gefühl vermittelten, wir lieben dich so, wie du bist. Aber bedingungslos geliebt wurden Sie als Kind nicht. Und wenn, dann nur in Teilbereichen Ihres Seins.

Eltern schaffen es durchaus, in Teilbereichen der Erziehung ihrer Kinder bedingungslose Liebe zu geben.

Das bedeutet, Ihre Eltern sollten zu Ihnen sagen: „Ich liebe dich so, wie du bist, ohne Wenn und Aber." Diese Liebe erhalten Sie aber nur in Teilbereichen Ihrer Erziehung. In der Regel gilt der Erziehungsgrundsatz: „Wenn du dich so und so verhältst, bekommst du meine Liebe." Dies ist keine Liebe. Denn Liebe lässt frei. Bedingungen machen unfrei, sie erpressen. Eine solche Haltung der Eltern führt die Kinder in eine gefühlsmäßig, körperlich, geistig-seelische Abhängigkeit. Mit „Ihre Eltern sollten zu Ihnen sagen" meine ich nicht, dass die Worte tatsächlich ausgesprochen werden müssen. Die Kommunikation läuft so gut wie immer nonverbal. Bereits ohne Sprache wissen Sie, was Ihre Eltern von Ihnen halten, denken, wollen...

Die emotionalen Bedingungen Ihrer Eltern bremsen Sie als Kind und in Ihrer späteren emotionalen, geistigen und körperlichen Entwicklung. In ihrer gesamten Lernfähigkeit. Als Erwachsene fühlen Sie sich unterdrückt und unfrei, wenn Sie nicht die von Ihren Eltern gesetzten Konditionen befolgen: sich nicht nach dem modischen Geschmack kleiden, nicht den trendigen Urlaub buchen, sich nicht mit sozial passenden Freunden umgeben, nicht den Partner mit dem passenden Sozialstatus ehelichen. Erlernte Wertungen grenzen Sie im täglichen Leben ein und aus. Was Sie erlernt haben, geben Sie weiter; denn Sie kennen nur dieses Programm. Mit Ihrem Verstand erkennen Sie vielleicht diese abhängigen Strukturen. Sie erkennen vielleicht auch, dass Sie „aussteigen" sollten, weil die Belastungen im täglichen Leben negative Gefühle in Ihnen auslösen. Sie fühlen sich anfänglich unwohl. Später sogar krank.
Aber mit Ihrem Verstand erreichen Sie nicht Ihr Ziel. Die emotionalen Programme sind stärker. Sie werden stets emotional rückfällig. Vielleicht wollen Sie am Sonntagmittag nicht mehr mit Ihrer Mutter Kaffee trinken. Gerne würden Sie die Zeit mit Ihrem Mann verbringen. Ihr Verstand sagt, ich sage einfach ab. Aber selbst wenn

Sie sich das zutrauen, haben Sie danach Ihrer Mutter gegenüber ein schlechtes Gewissen, und der Nachmittag ist so oder so verdorben.

Je größer die Liebe der Eltern, je größer die Freiheit für die Kinder, je größer deren Bereitschaft, Dinge freiwillig auszuführen. Das führt zu selbstständigem Handeln und Eigenverantwortung in Ihrem späteren Leben.

Die Art, wie Sie auf Ihre früheren emotional gesetzten Verletzungen reagieren, hängt davon ab, in welcher Zeit Ihrer Entwicklung diese verursacht wurden. Sind es besonders negative Erfahrungen in der Kindheit, kommt es bei Ihnen später zu kindlichen Reaktionen. Wurden die emotionalen Verletzungen in der Pubertät gesetzt, dann reagieren Sie später aggressiv: Sie sind gegen alles, was sie umgibt. Die im Kapitel „Wirbelsäule und Sprache gehören zusammen", S. 22, erwähnten pseudo-erwachsenen Strukturen sind bei Personen zu erkennen, die argumentativ alles „verkaufen" können.

Nehmen Sie nun alle erwähnten Erkenntnisse zusammen, ergibt sich ein systematischer Ansatz von Lösungsmöglichkeiten, resultierend aus medizinischen, psychologischen und anderen wissenschaftlichen Erkenntnissen.

Genau diese Zusammenhänge machen dieses Thema so interessant. Jeder Betroffene kann die aufgezeigten Gedanken für sich nachvollziehen. Es macht Sinn, auf allen Ebenen zu arbeiten, geistig, körperlich und seelisch.

Vor allem Ihre Mitarbeit ist ausschlaggebend, nicht die einmalige Therapie, um aus den erlernten negativen, emotionalen Abhängigkeiten und Emotionen auszusteigen und dauerhaft ein selbstbestimmtes Leben zu führen. Wie oft entstanden in den früher geführten Gesprächstherapien neue Abhängigkeiten zum Therapeuten. Das kann nicht der Sinn einer Therapie sein. Sie brauchen eine gewisse Zeit der Betreuung, bis die Stabilität erreicht wird. In der Regel sind das etwa ... Monate, Jahre. Nein, ich sage nichts; denn diese Zeit bestimmen Sie selbst, in Freiheit.

„Hausaufgaben" für die tägliche Arbeit erleichtern den großen Schritt in die Freiheit.

Ich hänge schon wieder...

„Nachdem ich meine ersten Schritte in die „Freiheit" gegangen war und mehr und mehr genießen konnte, merkte ich immer schneller, wenn ich „hing" und nicht mich selbst lebte. Ich hatte ja „mein Werkzeug", meine „Hausaufgaben", um in null Komma nichts auszusteigen und wieder frei zu sein. Dadurch erkannte ich auch bei anderen immer schneller, in welcher Situation sie festhingen. Der Körper verrät eben alles, auch durch seine Haltung, durch seine Wirbelsäule. Jetzt dachte ich mir, wenn das bei allen so ist und die noch nicht mit Krankheiten zu tun haben, dann ist ja bei jedem ein enormes Potenzial, was nicht gelebt wird und auch vorbeugend eingesetzt werden kann. So formulierte es mir gegenüber eine ehemalige Patientin.

Sie möchten gerne mehr über diese Therapie erfahren, wissen und weitergeben?

Emotionen, Gefühle: Woher kommen sie?

Dann brauchen Sie noch einige Erläuterungen: Wie sind die Grundlagen eines jeden Schicksals?

Die Liebe unserer Eltern im Sinne „ich liebe dich, so wie du bist" hat kein Kind dieser Erde bekommen. Dieses Kind hätte auf dieser Welt nichts mehr zu lernen. Es gäbe keine Entwicklung mehr in einer durch Polarität bestimmten Welt. Die Polarität ist bestimmend auf unserer Erde und im täglichen Leben. Seit der Vertreibung aus dem Paradies kämpfen wir mit der Polarität der Dinge. Folgende Gedanken seien erlaubt: Der Gedanke, der erste Mensch Adam, existierte ohne Polarität, war androgyn oder der Gedanke: Gott vereint alle Polaritäten in sich. Daraus könnte dann die Welt in ihrer polaren Vielfalt entstanden sein.

Jedenfalls ist die Polarität unser Lebensinhalt. Es gibt Krieg und Frieden, Feind und Freund, gut und böse, Geben und Nehmen, warm und kalt, arm und reich. Dazwischen ist eine vielfältige Bandbreite. Täglich treffen Sie innerhalb der Bandbreiten Ihre Entscheidungen. Wie Sie sich entscheiden, ist für den einen gut und für den anderen nicht. Es kommt auf Ort und Zeit an, wie sich die Polarität auswirkt. Im Krieg dem Feind friedliebend gegenüberzutreten führt wahrscheinlich zum Tod. In Friedenzeiten jemanden zu erschießen ist strafbar, es sei denn, Sie handeln in Notwehr.

Außerdem spielen die erlernten Emotionen eine Rolle, wo Sie sich auf der Skala der Polaritäten einjustieren.

Dort, wo die bedingungslose Liebe in der Erziehung fehlt, dort ist Ihr Schicksal. Dieses Schicksal heißt für Sie: zu lernen, erfolgreich zu sein, sich von anmaßenden Personen abzugrenzen, eine gute Ehe zu führen, Sexualität zu genießen, treu oder untreu zu sein, materiell reich oder immateriell reich oder beides. Die Aufzählung ist entsprechend der Skala unendlich.

Sich einzugestehen, dass Sie Ihre Kinder nicht lieben, warum auch immer, wer tut das schon? Vielleicht wurden Sie geboren, weil Ihre Eltern es so programmierten: „Zum Leben, zur Ehe gehören Kinder." Oder weil Ihre allein erziehende Mutter sich „verwirklichen" wollte. Oder weil Ihr Vater sexuell gut drauf war. Wenn Sie mit einem solchen emotionalen Programm aufgewachsen sind, müssen Sie es erst einmal erkennen. Wenn sich Ihr Schicksal emotional manifestiert hat, so sind Sie – freiwillig oder unfreiwillig – verpflichtet, es anzunehmen und etwas damit zu machen. Eine Entwicklung erfolgt

- freiwillig oder unfreiwillig - aus dem, was Sie mitbekommen haben. Freiwillig, wenn Sie aus der Erkenntnis lernen; unfreiwillig über eine Krankheit.

Was Sie in dieser Welt brauchen? Sie haben es: Ihr Leben. Sie haben keinen Anspruch auf bestimmte Eltern, die reich sind oder arm, nicht schlagen oder streicheln, strafen oder loben, vergewaltigen oder freigeben. Ihr Anspruch, wie Ihre Eltern sein sollen, ist meist sehr groß.

Aber aus dem, was Ihre Eltern Ihnen mitgegeben haben, Ihr Leben zu gestalten, das müssen Sie in eigener Verantwortung tun. Sie - wie jeder von uns - haben die Eltern, die Sie brauchen, um das Schicksal, das Sie durch Vater und Mutter mitbekommen haben, zu verwirklichen. Und dazu sind die „ererbten" und „erlernten" emotionalen Strukturen genau die, die dazu vonnöten sind. Die größte Chance für Entwicklungen steckt in Ihren Chromosomen und in dem durch das emotionale Verhalten Ihrer Eltern Erlernten. Letzteres bestätigt wiederum die Programme Ihrer Chromosomen.

Sie haben geerbt!

Schlagen Sie die Erbschaft Ihrer Vorfahren nicht aus. Diese Erbschaft macht Sie reich! Treten Sie das Vermächtnis an!

Durch dieses „Erbe" Ihrer Vorfahren haben Sie das Vermögen bekommen, das Sie in die Lage versetzt, Ihr Schicksal nicht nur zu gestalten, sondern „besser" zu gestalten. Dafür haben Ihre Vorfahren gelebt, um Ihnen diese Erkenntnis zu vermitteln: „So, wie wir es gemacht haben, ging es nicht gut. Aber wir haben es deshalb so gemacht, damit du es besser machen kannst. Dafür haben wir gelebt und dafür sind wir gestorben. Und dieses unser Leben und dieser unser Tod war umsonst, wenn er nicht durch das eigene Leben in Form einer emotionalen Entwicklung gewürdigt wird." Das sagen

Ihnen Ihre Vorfahren. Und das macht einen tiefen Sinn und gibt Ihnen die Entwicklungen vor, wenn Sie nur zu den Verstorbenen in Ihrem System schauen.

Wenn Sie jemals selbst durch den Prozess einer Weiterentwicklung Ihres emotional erlernten Lebensprogramms gegangen sind, kritisieren und verurteilen, missachten und verstoßen Sie niemanden mehr, der zu Ihrer Familie gehört. Dann wissen Sie nämlich, wie schwierig es ist, aus den alten emotionalen Strukturen Ihrer Eltern und Vorfahren herauszukommen, sie zu überwinden. Um sich persönlich weiterzuentwickeln, brauchen Sie Ihre Vorfahren. Sie geben dem Leben Ihrer Vorfahren die größte Ehre und Anerkennung, wenn Sie alles, was zu deren Leben gehörte, nutzen für eine positive Gestaltung und Entwicklung Ihres eigenen Lebens. Nicht, um deren Schicksale zu wiederholen. Das ist keine Entwicklung.

Sie missachten aber das Leben und den Tod Ihrer Vorfahren, wenn Sie meinen, Sie könnten durch eine schicksalhafte Wiederholung diesen ihr Schicksal abnehmen oder erleichtern, nachträglich. Oder Sie meinen, durch Ihr erneutes Leiden könnten Sie für die Verstorbenen noch etwas verbessern, was deren erlittenes Schicksal betrifft. Dann geht es diesen Vorfahren und Ihnen nicht besser. Ich frage Sie noch einmal: Wozu haben Ihre Vorfahren dann gelebt, gelitten und sind mit ihrem Schicksal in den Tod gegangen, wenn Sie nichts daraus gelernt haben?

Das Leben und Sterben Ihrer Vorfahren, deren gelebtes Schicksal, ist deren Hinterlassenschaft, das Erbe und Vermächtnis für Sie!
Das klingt für Sie sehr provokativ?! Aber ich weiß aus der eigenen Therapie, wie „brutal" diese Emotionen, die mit den Vorfahren verknüpft sind, wirken. Mit wie viel Tränen und Schmerz sie verbunden sind, wenn sie an die Oberfläche kommen. Körperlich und seelisch. Erstaunlich genug, lösen sich diese Emotionen relativ schnell auf. Im Grunde genommen schon mit der Erkenntnis, wie und warum

und aufgrund welcher Vorfahren Sie diese und jene Krankheiten, Beschwerden, Haltungen, Emotionen haben.

Häufig fragen Patienten Folgendes: Wenn ich meine alltäglichen Missempfindungen erkannt habe, dann sind wohl auch meine Eltern im Herzen? Solange ich jedoch meine Eltern „kritisiere" oder „bevormunde", haben ich eine negative Bindung zu ihnen.
Sie brauchen Eltern mit Liebe in Ihrem Herzen, um sich frei und glücklich zu fühlen. Hier geht es um das Fühlen.
Mit Ihrem Nachbarn zu streiten schafft eine ganz enge Bindung zu ihm. Eine negative Beurteilung der Eltern bindet Sie ebenfalls eng an sie. Jedenfalls fühlen Sie sich dann nicht frei.

Das mit dem Nachbarn ist übrigens keineswegs egal, wie Sie vielleicht behaupten. Die negative Bindung zu ihm raubt Ihnen Energie und Lebensfreude.

Außerdem folgt aus dem Anschauen der Vorfahren und dem Erkennen der von diesen übernommenen Strukturen nicht automatisch, dass Sie Ihre Eltern im Herzen haben. Dies sind zwei verschiedene Prozesse, die durchlaufen werden müssen.

Woher kommen unsere negativen Gefühle, Emotionen?

Unser Schicksal definiert sich also durch Verletzungen und durch negative emotionale Erfahrungen!

Diese emotionalen Verletzungen sind geprägt von Erfahrungen aus der Familie, diese wiederum aus der Zugehörigkeit zur Verwandtschaft, zu den Vorfahren, zur Gemeinde, zum Land, zum Erdteil usw. Sie können sehr unterschiedlich gewertet werden, je nachdem, wo

Sie hineingeboren werden. Wertesysteme, also erlernte Gefühle, sind im Laufe der Menschheit veränderbar: Die Kriegsgeneration vermittelt: friedfertig um jeden Preis zu sein, einen guten Beruf und einen Arbeitsplatz als Sicherheit zu haben, Essen ist wichtig, um zu überleben. Die Entwicklungen heutzutage unterscheiden sich sehr zu denen von früher. Unsere Generation priorisiert nicht Essen und ein Dach über dem Kopf. Hunger ist kaum bekannt. Erst, wenn Sie Hunger am eigenen Leib erfahren, können Sie an die Wertordnung der Großeltern anknüpfen. Dann erst wird Essen wieder wichtig. Denken Sie nur an Gebiete, in denen Hungersnot herrscht. Ein Stück Brot und ein Schluck Wasser ist bei uns nicht viel wert, aber dort kann es Leben retten, wenn auch nur für einen Tag.

Wertesysteme existieren in der Polarität! Ohne Gut kein Böse, ohne Krieg kein Frieden, ohne Armut kein Reichtum. Auch über Generationen hinweg erleben wir diese polaren Entwicklungen. Wir finden sie nicht nur in kleinen Gruppen wie Familien. Sie finden sich auch in größeren sozialen Einheiten, die ein gemeinsames Schicksal haben: einen gemeinsamen Krieg, eine lokale Hungersnot, eine erlittene Katastrophe. Diese Polarität gilt für die gesamte Welt, im Kleinen wie im Großen. Entsprechend siedeln sich auch Gruppen, Völker und größere und kleinere Verbände in der Werteskala an: zu wenig zu haben, nicht dazuzugehören, bedroht zu werden, körperliches Leid zu erfahren, kämpfen zu müssen...

Das sind kollektiv empfundene Polaritäten! Aber immer finden sich die richtigen Leute, mit den passenden Emotionen auch zusammen...

Momentan denken Sie vielleicht eher an I h r e negativen Gefühle, direkt „vor der Haustür".

Wie oft erfasst Sie Beklemmung, wenn Sie an den sonntäglichen Kaffeebesuch bei Ihrer Mutter denken. Sie würden viel lieber mit Ihrem Partner etwas unternehmen. Oder Sie denken an die überfällige Aussprache mit Ihrem Chef, Ihrer Freundin, Ihrem Ehemann.

Woher kommen denn diese Gefühle, die Ihnen im Negativen so vertraut sind? Da ist der Geruch von Spiegeleiern, von Fisch, von Blumenkohl, Spinat, der Ihnen heute noch den gleichen Brechreiz verursacht wie in Ihrer Kindheit. Da ist der Geruch von Desinfektionsmitteln, der Ihnen heute noch die unangenehmste Zeit Ihrer Kindheit in Erinnerung ruft, als sie im Krankenhaus den Blinddarm oder die Mandeln entfernt bekamen. Noch heute haben Sie Angstzustände, wenn Sie ein Krankenhaus betreten. Eine unangenehme Kindheitserinnerung an den „großen Mann mit schwarzem Bart" lässt Sie auch während Ihrer beruflichen Laufbahn einem solchen Gesprächspartner gegenüber mit Skepsis agieren. Obwohl Sie die Angst auslösenden Situationen Ihrer Kindheit längst hinter sich gebracht haben, bleibt die damit verbundene gefühlsmäßige Verknüpfung für den Rest Ihres Lebens bestehen.

Mit allen Sinnen genießen!

Wie Sie speichern? Schließlich konnten Sie am Anfang Ihres Lebens nicht einmal sprechen. Wie sollten Sie da speichern?

Mit allen Ihren Sinnen. Und dieser Speicher ist in Ihren Zellen und Chromosomen. Sie können auch nonverbal kommunizieren, also ohne etwas auszusprechen. Das freundliche Gesicht Ihrer Mutter, als Sie zum ersten Mal nicht in die Windel eingenässt hatten, speichern Sie. Das Erkennen und Befolgen des gewünschten Verhaltens sichert Ihnen Ihr „Überleben" in der Familie. Sich dort zu integrieren und anzupassen verschafft Ihnen Ihre Zugehörigkeit. Ganz subtil und automatisch. Auch wenn Sie erwachsen sind, selbst zur Toilette gehen können, der Speicher ist noch vorhanden. Deshalb reagieren Kinder oft wie ihre Mütter (oder Väter) freundlich, aggressiv, hilfsbereit, liebevoll, misstrauisch. Sie wollen der Mutter „gefallen", sich ihrer Liebe versichern. Denn für das Kleinkind ist fehlende und entbehrte Liebe lebensbedrohlich.

Aus der Art und Weise, wie sich die Mutter am Anfang körpersprachlich verhält, weiß ein Kind, welche Antwort von ihm erwartet wird.

Eine Großmutter hatte ihren Enkel zu einem Besuch mitgebracht. Wir alle wohnen am Meer, und dort isst man Fisch. Kinder sind davon nicht immer begeistert. Aber Eltern und Großeltern sind begeistert, wenn sie ihre Kleinen dazu gebracht haben. Als ich an den kleinen Jungen die Frage richtete, ob ihm denn Fisch schmecke, zog er die Beine an, verschränkte darüber die Arme und wandte den Kopf zur Seite. Die Zunge kam kurz aus dem Mund. Alles Zeichen der Verneinung. Doch die Antwort kam von der Großmutter: Er isst immer mit, das schmeckt ihm sehr gut, und Fisch ist gesund und macht groß und stark.

Dabei löste sie ihre Hand von ihrem Knie, streckte den rechten Zeigefinger vor. Sie kennen die Geste, wenn man einem Kind droht. Der Junge traute sich nicht, seine tatsächliche Meinung zu sagen. Wenn er heute nach 12 Jahren zu Besuch kommt, bestätigt er gerne, dass Fisch gut ist und groß und stark macht.

In den Bereichen der Erziehung, wo Kinder Liebe erhalten haben, können sie sich frei entwickeln, und es entsteht eine positive Beziehung zu den Eltern. Eine negative Bindung entsteht, wenn die Zuwendung und die Liebe mit Forderungen verknüpft werden. Wenn die eigenen Schritte des Kindes nur an den eigenen Vorstellungen und Wünschen der Eltern gemessen werden. „Meine Liebe bekommst du nur, wenn du Fisch isst, du gute Leistungen in der Schule hast." „Meine Zuwendung bekommst du nur, wenn du einen sozial passenden Partner wählst."

Betreten Sie das Wartezimmer eines Zahnarztes, so spüren Sie die von den Wartenden empfundene Angst. Kommen Sie zu spät zu

Ihrem Kaffeeklatsch, so spüren Sie beim Betreten des Raumes, dass zuvor über Sie gesprochen wurde. Betreten Sie den Konferenzraum verspätet, so empfinden Sie die ablehnende Haltung gegenüber Ihrem bereits diskutierten Vorschlag. Sie „fühlen" die Ablehnung. Sie bedarf keiner Verbalisierung.

Als Kind erfühlten Sie die Bedürftigkeit und die emotionalen Wünsche Ihrer Eltern. Darüber musste nicht gesprochen werden. Sie erkennen heute noch am Blick Ihrer Mutter, wenn sie Ihr Verhalten missbilligt. Sie kennen Ihre Eltern so gut, dass Sie deren körpersprachliche Signale heute noch zuordnen kennen. Das geht Ihnen nie verloren.

Ich erinnere mich noch heute: Wenn meine Eltern Differenzen austrugen, sprachen Sie tagelang nicht miteinander. Dann lief eine minimale Kommunikation über mich. Also bin ich zu meinem Vater geschlichen und habe gefragt, was er in der Firma erlebt hat, ob wieder diese glänzenden gedrehten Metallspäne auf dem Boden lagen, groß oder klein. Was halt Kinder so fragen. Dann war das eisige Schweigen durchbrochen.

In der Regel fragte meine Mutter nach seinem Tagesablauf. Wenn eine Mutter den Vater vernachlässigt, springt die Tochter gerne ein. Umgekehrt auch. Dies geschieht aus Liebe zu den Eltern. Als Kind fehlt Ihnen jedoch die Erkenntnis, dass Sie den beiden Elternteilen in der Regelung und Gestaltung ihrer Beziehung nicht helfen können. Und darum geht es Ihnen. Aber Eltern können ihre Beziehung nur selbst regeln, nicht über ihre Kinder. Das wäre missbräuchlich.

Egal, wie sich die Beziehung Ihrer Eltern gestaltet, für Sie dreht es sich nur darum, einen Vater und eine Mutter zu haben. Und diese Bindung existiert unabhängig von deren Partnerschaft.

Kinder tun aus Liebe alles.

Stellen Sie sich vor, Sie hören aus Ihrem Kinderzimmer, abends, wenn Sie im Bett liegen, dass Ihre Eltern streiten. Das macht Sie unendlich traurig. Vielleicht ginge es den beiden besser, wenn es Sie nicht gäbe?

Vielleicht waren Sie nicht ordentlich, gehorsam, aufmerksam, gut genug?
Sie kommen zu der Überzeugung: Das Problem sind Sie!

Eine Patientin kam mit Psychosen in die Praxis. Unter anderem war sie mehrmals in der Psychiatrie. Tagtäglich hatte sie die Angst verfolgt, umgebracht zu werden. Während eines Klinikaufenthaltes habe sie „im Wahn" - so ihre Formulierung - einen Selbstmordversuch unternommen. „Dabei stand ich neben mir", sagte sie „ich konnte mir dabei zusehen."
Als kleines Mädchen musste die Patientin - auf Anweisung ihrer Mutter - aufpassen, zu welcher Zeit ihr Vater zum Essen nach Hause kam. Währenddessen mischte die Mutter über Jahre hinweg ihrem alkoholabhängigen Mann ein Medikament ins Essen, das die Alkoholsucht bekämpfen sollte. „Wenn du nicht aufpasst, bringt er uns alle um", so die Aussage der Mutter gegenüber ihrer Tochter. Da die Mutter in einer Apotheke arbeitete, waren ihr die Medikamente zugänglich. Der Vater erhängte sich nach einigen Jahren der ungewollten Medikamenteneinnahme. Die Tochter fühlte sich schuld am Tod ihres Vaters.

Liebe als Schicksal

Liebe als Schicksal?

Ja, dort, wo die Liebe der Eltern in der Erziehung gefehlt hat, definiert sich später durch das Empfinden mangelnder Liebe und damit mangelnder Freiheit Ihr Schicksal als Kind dieser Eltern. Dahinter steckt keine böse Absicht der Eltern. Sie tun das, was sie selbst von ihren Eltern, von den Familiensystemen, aus denen sie kommen, erlernt haben und geben es weiter. Für Sie wie für jedes Kind ist das

Defizit der nicht erhaltenen Liebe eine Entwicklungschance. Dort manifestiert sich Ihr persönliches Schicksal. Als Kind tun Sie alles, um die Liebe Ihrer Eltern zu bekommen. Sie laufen dem „Wurstzipfel" Liebe immer hinterher, auch als Erwachsene. Sie bekommen ihn aber nie zu fassen. Außerdem sind Sie erwachsen und hätten ihn vorher gebraucht. Im Nachhinein ist die damals benötigte kindliche Liebe nicht mehr zu erreichen.

Welche therapeutischen Methoden Sie dabei anwenden, um die Liebe Ihrer Eltern als Erwachsene zu bekommen, ist unterschiedlich. Denken Sie an Ihre Wirbelsäule und den zeitlich zuordenbaren Speicher der dort verankerten Verletzungen. Als Erwachsener versuchen Sie es entweder mit sehr kindlichem Verhalten, wenn im unteren Bereich Ihrer Wirbelsäule die Verletzungen gesetzt wurden. Oder Sie legen pubertierendes Verhalten an den Tag, wenn in dem entsprechenden Bereich der Wirbelsäule Ihre Hauptverletzungen waren. Aber damit holen Sie die Liebe nicht in Ihr Herz. Das ist nicht das Mittel der Wahl.

Mit einem kleinen „Trick" ist es dennoch zu schaffen. Die Methode des NLP (neurolinguistisches Programmieren) ist dabei hilfreich. Ich beschreibe Ihnen diesen Vorgang später.

Fehlt die Liebe der Eltern in bestimmten Bereichen, so fehlt damit teilweise das Fundament Ihrer Lebenspyramide, wie auf Seite 24ff beschrieben. Es mangelt Ihnen an emotionaler Stabilität, an Selbstvertrauen.

In Menschen, die ein ähnliches Schicksal haben, erkennen Sie sich wieder. Aber solche Menschen im Umfeld zu haben bewirkt eher eine Stagnation für die eigene Entwicklung. Wenn es sich allerdings um Ihren Partner handelt, kann es auch eine große Chance bedeuten, sich gemeinsam weiterzuentwickeln - wenn beide wollen.

Es gibt keine Realität!

Wollen Sie wissen, welchen „Trick" ich meine? Der Trick ist der, dass Sie die Liebe Ihrer Eltern nachträglich bekommen, in Ihr „Herz holen", obwohl Sie zwischenzeitlich nicht mehr Kind sind. Wenn der „Trick" gelingt, könnten Sie sich fragen, habe ich mir als Erwachsener meine Wirklichkeit, nämlich von den Eltern nicht genügend geliebt worden zu sein, vorher nur eingebildet?

Ja. Wenn Sie es extrem formulieren, gibt es keine Wirklichkeit. Nur Ihre erlernte oder programmierte oder „eingebildete". Das heißt, Sie haben sich ein eigenes Bild von der Wirklichkeit gemacht. Jeder von uns macht sich ein anderes. Das Bild entsteht aufgrund Ihrer erlernten Gefühle und Emotionen. Die Projektionsfläche ist die eigene Vorstellung. Diese Projektionsfläche reflektiert bei jedem Menschen unterschiedlich. Und diese Projektion schauen Sie an und glauben, das sei Ihre Wirklichkeit. In Wirklichkeit ist es nur Ihre Vorstellung von der Wirklichkeit. Und die schaffen sich alle Menschen in unterschiedlicher Weise.

Stellen Sie sich vor, Sie gehen in ein fremdes Zimmer und sehen sich dort um: Sie empfinden den Teppichboden als zu hell, die Möbel als zu dunkel, die Bilder zu modern und die Couch zu gelb. Ein anderer Betrachter des Zimmers „beurteilt" die Möbel als zu modern, die Bilder zu schrill; die Maus passt farblich nicht zum Computer. Ein Dritter empfindet die Medikamente im Schrank als Bedrohung. Ein vierter Besucher findet es unmöglich, dass das Trinkglas umgekehrt über die Wasserflasche gestülpt ist. Dies sind nur einige Beurteilungen meines Praxiszimmers durch meine Patienten.

Aber ich verrate Ihnen jetzt ein Geheimnis: Das Zimmer bleibt immer gleich. Ihre Empfindungen, aufgrund Ihrer erlernten Emotionen, schaffen Ihnen Ihre eigene erlernte Realität. Sie ist in Ihrem Körper, Ihrem Kopf, in Ihren Zellen gespeichert. Bevor Sie Ihren

Speicher nicht löschen, werden Sie immer eine „erlernte" Meinung, eine „erlernte" Beurteilung abgeben. Mit ihr verbannen Sie Dinge aus Ihrem Leben, die nicht in ihr erlerntes Raster passen. Bei der Beurteilung von Menschen trennen Sie diese Beurteilungen von anderen Menschen. Abgesehen davon handelt es sich meist um Verurteilungen.

Eine Patientin schilderte mir mit allen erinnerbaren Emotionen ihren Missbrauch. Niemand kann tatsächlich nachempfinden, was diese Frau erlebt hat. Das Erlebte hat nur einen subjektiven Speicher im Körper des Opfers. Freunde, Bekannte können auch nach vielen Erzählungen nicht das gleiche empfinden wie diese Frau.

Im täglichen Leben wird eine Situation unterschiedlich empfunden. Sie empfinden Arbeiten und Lernen als Stress, dem anderen macht es Vergnügen. Für Sie ist Unordnung ein Problem, der andere empfindet Ordnung als steril.

Ich habe ein Gehirn und kann selbstständig denken – aber es hilft mir gar nichts.

Darf ich Ihnen den Gehirn-Speicher noch einmal darstellen?

Das Gehirn ist die Festplatte Ihres ganzen Lebens. Wann immer eine Situation über Ihre fünf Sinne angesprochen wird, holen Sie sich auf Ihrer Festplatte die „erlernte" Antwort ab. Es ist wie beim Computer. Drücken Sie auf eine Taste, kommt immer die gleiche Antwort. Drücken Sie auf eine „erlernte Emotion", kommt immer Ihre gleiche körperlich-geistig-seelische Reaktion. Erkennbar ist die Suche auf Ihrer Festplatte, durch Ihre Augenbewegung. Daraus lässt sich auch erkennen, in welchem Bereich Sie die Antwort suchen, in welchem Bereich der Erinnerung. Ich erinnere Sie an die Patientin im Kapitel zuvor, die ihr „Schicksal" nicht erneut abrufen konnte, nachdem sie die Blickrichtung geändert hatte.

Bei den Hausarbeiten sage ich Ihnen, wie Ihre Blickrichtung sein soll, um aus erlernten emotionalen Strukturen herauszufinden und eine neue Software für Ihren Computer aufzuspielen. Sie könnten natürlich auch die Festplatte austauschen, aber das machen nur Männer und auch nicht alle. Aber die können es.

Frauen brauchen eine neue Software, und diese „aufzuspielen" dauert länger.

Sie können jahrelang über Ihre „erlernten" Gefühle nachdenken, sie analysieren, darüber reden, ihnen auf den Grund gehen, sie von allen Seiten beleuchten, sie bleiben hartnäckig bestehen. Ein dauerhafter Erfolg in Form einer gefühlsmäßigen Veränderung kommt nur zustande, wenn Sie Ihre „erlernten" Gefühle wiederum durch veränderte, eigene Gefühle von heute ersetzen. Und dies ist, wie Sie bereits wissen, nicht ein einmaliger Vorgang. Er bedarf einer permanenten Wiederholung.

Immer sind die Primärgefühle zu ersetzen. Erst dann können höhere Strukturen verändert werden. Befinden Sie sich in einer extremen Stresssituation, dann reagieren Sie stets mit der zuerst erlernten, ursprünglichen Emotion.

Nach einem Verkehrsunfall reagieren Sie mit Weinen und Zittern, fühlen Angst und Hilflosigkeit gegenüber der Situation. Als Ihnen als Kind die Meissener Porzellantassen, die Erbstücke Ihrer Mutter, runterfielen, fühlten Sie sich ängstlich und hilflos. Besonders die Traurigkeit und Fassungslosigkeit Ihrer Mutter ließ Sie damals weinen und zittern. Jetzt als Erwachsener fühlen Sie das Gleiche, Sie fühlen sich der Situation gegenüber hilflos und ausgeliefert. Alles ist kaputt. Nichts mehr zu reparieren.

Ihr Gehirn ruft stets nur das Programm ab, das durch die erlernten emotional gesetzten Reize entstanden ist. Mehr Speicher ist nicht vorhanden. Durch die Augenbewegung ist erkennbar, wo Ihr Speicher zu finden ist.

Was machen Sie bei Herzerkrankungen?

Ich beginne fast immer mit dem „kollektiven" System, also mit den Vorfahren, um den „großen emotionalen Brocken" ins Bewusstsein zu bringen. Wenn es um schwere Krankheiten geht, schaue ich immer ins Kollektiv. Ich ordne alle vom Patienten erwähnten Beschwerden in der Therapiesitzung den entsprechenden Personen und Situationen aus dem System zu. Das funktioniert haargenau. Die emotional gespeicherten Situationen aus dem „Kollektiv" sind einer aus dem Elternhaus „erlernten" Emotion „weit überlegen".
Die emotionalen Verletzungen, die beim Herzen zugrunde liegen, sind nicht etwa in der Brustwirbelsäule zu finden, nur weil von dort das Herz innerviert wird. Es sind wieder die Verletzungen im unteren Bereich der Wirbelsäule, die für eine solche Entwicklung zuständig sind. Natürlich ist es hilfreich, den entsprechenden Wirbel fachtechnisch zu restituieren. Es gibt ein gutes Gefühl, und Sie wissen, wie sich Ihre geänderte, gesunde Haltung eigentlich anfühlen sollte. Aber einen Erfolg haben Sie nur, wenn Sie diese Haltung beibehalten. Und bereits, wenn Sie in Ihr „altes" Auto einsteigen, den Haustürschlüssel in das „alte" Schloss stecken, Ihre altgewohnte Wohnung mit allen Erinnerungsstücken betreten, gehen Sie in Ihre bekannten alten Strukturen zurück. Dies geschieht tatsächlich und emotional. Dann geht auch Ihr Wirbel in seine gewohnte Ausgangslage zurück, die er kennt und die Sie ihn emotional gelehrt haben. Und er hat sie erlernt, diese emotionale Fehlstellung. Eine Meditation zu durchlaufen, die sich auf das Herzchakra konzentriert, verschlimmert das Ganze. Es geht wieder einmal um Ihre Pyramidenbasis, der ein Stück fehlt.

Energieübertragungen sind momentan eine beliebte Art der „Behandlung".

Wenn Energien übertragen werden, so behandeln viele Therapeuten nur den vorderen Bereich des Körpers. Das halte ich für unzureichend. Ich habe festgestellt, dass auch der Rücken Beachtung braucht. Immer Vor- und Rückseite behandeln und die Basis im unteren Wirbelsäulenbereich, damit eine gute Stabilität erlangt werden kann.

Das heißt, dass die „großen" Emotionen aus dem Kollektiv nicht bewusst erlebt werden.

Obwohl Sie als Betroffener die Emotionen nicht bewusst zuordnen können, vielleicht sie gar nicht kennen, können diese beispielsweise zu schweren emotionalen Erlebnissen wie Unfällen, Suizidverhalten, Deadline-Verhalten, Suchtproblemen führen.

Prinzipiell wird in einem System mit „Herzbeschwerden" das entsprechende zugrunde liegende Gefühl über mehrere Generationen „vererbt".

Das klingt schrecklich, ist aber so.

Ich beschreibe das gerne genauer!

Zum „kollektiven" System rechne ich alle Vorfahren, z.B. die Kriegsgeneration aus dem Ersten und Zweiten Weltkrieg. Die vom Vater oder Großvater getöteten feindlichen Soldaten oder die von einem Kriegsgegner an den beiden ausgeführten Gräueltaten oder Verletzungen. All diese Geschehen ergeben die körperlichen Symptome, mit denen der heutige Patient zu tun hat. Aus der Familie ausgestoßene Personen oder früh verstorbene oder lebensfähige Kinder, die unterschlagen wurden, frühere Beziehungen der Eltern, Verbrechen und Unfälle jeder Art werden emotional und körperlich an nachfolgende Generationen weitergegeben. Z.B. kam ein Patient mit Tremor (Zittern) in der rechten Hand. Organisch war nichts nachzuweisen. Sein Großvater war im Krieg bei einem Erschießungskommando! Nachdem dieses für den Patienten sichtbar war, war der Tremor schlagartig vorbei. Das heißt nicht, dass dies so bleiben muss. Geht der Patient wieder in die alte erlernte Emotion, so kommt auch das alte Verhalten und Zittern wieder.

Bei einem anderen Beispiel kam eine Patientin, die an allen Arbeitsstellen gemobbt wurde und deshalb nirgends beruflich Fuß fassen konnte. Sie litt außerdem jeden Morgen, wenn sie das Vogelgezwitscher nach dem Aufwachen hörte, an starken Unterleibsbeschwerden. Sie konnte nur auf dem Bauch schlafen. Gleichzeitig hatte sie Todesangst. Organisch war alles abgeklärt, und es gab keinen Befund. Während der Therapie stellte sich heraus, dass ihre Großmutter und ihr Großvater zusammen in einem Konzentrationslager waren. Die Frauen wurden dort nachts abgeholt, um den Wachen zu Diensten zu sein. Waren Sie nicht „gut genug" gewesen, wurden sie im Morgengrauen abgeholt und erschossen. Nachdem die Patientin dieses zurückliegende Geschehnis wahrgenommen und angeschaut hatte, konnte sie morgens wieder frei und ohne Beschwerden schlafen und aufstehen. Was ist eine Großmutter wert, die so behandelt wurde? Und wie wurde die Patientin behandelt? Inzwischen hat es auch mit dem Job geklappt.

Eine Patientin, die zusammen mit ihrem Mann eine große Landwirtschaft betreibt, gab ihrer Tochter einen französischen Namen und spricht selbst fließend Französisch. In ihrem System war der Großvater väterlicherseits im Ersten Weltkrieg in Frankreich. Dort hatte er eine Freundin mit Kind zurückgelassen, die er nach dem Krieg heimlich mit seinem kleinen Sohn aus seiner in Deutschland geschlossenen und existierenden Ehe besuchte. In einem anderen System haben drei Generationen Migräne. Mutter und Tochter sogar zur gleichen Zeit. Dass Gicht in drei Generationen nacheinander auftritt, ist sicher häufiger der Fall. Obwohl alle Beteiligten weit voneinander entfernt wohnen.

Was ist mit positiven Gefühlen?

Eine Patientin berichtete mir, dass ihre Mutter zu ihr als Kind sagte, sie wäre wie die Schwiegermutter, so quirlig und energiegeladen. Sie kannte niemand aus der Familie persönlich, außer Eltern und Geschwister. Sie wertete diese Aussage als positiv. Sie fragen sich jetzt:
Übernehme ich auch positive, emotionale Haltungen?

Ja, dagegen ist ja auch nichts einzuwenden. Wenn jemand „freiwillig" eine gute Schulausbildung macht und vielleicht promoviert, ist das völlig in Ordnung. Nur, wenn er es aus einer Verstrickung heraus macht, indem die Eltern die Haltung vermitteln: „Nur wenn du deinen Doktor machst, bist du uns willkommen", dann ist das eine Entwicklung, die wenig förderlich ist für ein freies, glückliches Leben.
Ich erinnere mich an eine Patientin, die seit ihrer Geburt eine schizophrene Mutter hatte. Als sie erfolgreich studierte, war die Meinung ihrer Mutter, sie hätte zuwenig Zeit für die Familie. In der Schule war diese Patientin weniger erfolgreich und daher eine „Schande" für die Familie. Alles, was die Patientin tat, war gegensätzlichen Wertungen durch ihre kranke Mutter ausgesetzt. Heute hat sie sich beruflich erfolgreich auf schizophrene Patienten spezialisiert.

Außerdem glaube ich nicht, dass es bei der Mutter der oben erwähnten Patientin, sie ähnele der Schwiegermutter, eine positive Aussage war. Eher eine Schuldzuweisung an das männliche System und eine kleine Kritik an die Mutter des Vaters. Das bestätigte das Schicksal und die Entwicklung der Patientin in der Therapie. Da hilft es nichts zu glauben, es sei positiv gewesen, wenn man im täglichen Leben eine andere Bestätigung bekommt. Positive Formulierungen sind nicht immer positiv gemeint. Entscheidend ist die dahinterstehende Emotion.

Das bestätigt wieder, dass unser Handeln durch unsere Gefühle bestimmt wird und nicht durch unseren Verstand. Über die emotionale Haltung und deren Vermittlung würde ich gerne noch mehr sagen.

Wenn Sie emotionale Probleme haben und Sie die mit einem Menschen Ihres Vertrauens besprechen, dann werden sie schnell einig über die Bewertung der Emotionen durch Ihre verstandesmäßigen Überlegungen. Wenn es darum geht, die notwendigen Konsequenzen daraus zu ziehen, um eine Veränderung zu erreichen, dann scheitern Sie! Die zugrunde liegenden Emotionen lassen sich nicht „im Kopf" lösen, sondern nur so, wie sie gesetzt wurden, nämlich emotional. Ich will es Ihnen anhand eines Beispieles erklären: Viele Töchter bringen den Mann nach Hause, der für den Erhalt der Familienstruktur stimmig ist, heißt konkret: Unbewusst sucht das Mädchen nicht den Mann ihres Herzens, sondern den Mann, der vielleicht ein guter Handwerker ist oder der mehr verdient als der Vater, weil es zu Hause so vermittelt wurde oder mit dem sie zwei Kinder zeugen kann, weil sich ihre Eltern das wünschen. Darüber muss im Vorfeld gar nicht gesprochen worden sein. Es ist die emotionale Haltung, die Sie auf allen Ebenen gespürt, „verstanden" und übernommen haben. Jedes Kind kennt den Blick seiner Mutter, wenn es nach Hause kommt und kann ihn zuordnen. „Ist sie gut drauf?" oder „Hier riecht es nach Ärger."

Gesundes Essen, Sport, Meditationen, Atemtechniken und alles, was gesund ist

Das Geheimnis eines glücklichen Lebens liegt also nicht nur darin, wie gesund Sie essen oder wie lange Sie meditieren und welchen Sport Sie treiben, sondern wie Sie mit Ihren Emotionen, inneren Konflikten, Ihrer Verwundbarkeit umgehen.

Aber alles hilft Ihnen und ist deshalb unterstützend. Nicht jeder will eine umfassende Lösung für seine Probleme. Viele wollen nur ein „bisschen" Verbesserung der Lebenssituation. Ich bezeichne dies als „Leiden verlängernde Haltung".

Nützt es Ihnen und Ihrem Körper, wenn Sie Ihren Sport aus dem Druck heraus machen, weglaufen zu wollen? Bleiben Sie damit gesund? Schauen Sie sich so manchen Sportler an, der verbissen auf seinem Rennrad durch die Gegend fährt – hat das etwas mit Glück zu tun?

Ich hatte einen Nachbarn, der mit seinem Fahrrad jede freie Minute unterwegs war. Er nahm es sogar auf den Rücken und bestieg damit Berge. Er wollte seine Ehefrau zu den regelmäßigen abendlichen Besuchen und besonders am Wochenende bei ihren Eltern nicht begleiten. Inzwischen hat der Mann eine neue Partnerin und verbringt die Abende zu Hause. Das Rad wird nur für gemeinsame Fahrten mit seiner neuen Partnerin hervorgeholt.

Am meisten Unverständnis für die Trennung des ehemaligen Schwiegersohns, dem früheren Mann ihrer Tochter, zeigten seine Schwiegereltern.

Seit Jahren unterrichte ich in systemischer Arbeit. Eine Teilnehmerin, die Aufstellungen erlernte, schrie in der Aufstellung immer raus: „Lauf, lauf so schnell du kannst!" Das stammte aus Ihrem eigenen System, das sie nicht aufgearbeitet hatte und war somit eine Projektion. Zwischenzeitlich lief sie mehrere Marathons, bis das Sprunggelenk verletzt war. Sie ist in Aufstellungen immer noch laut, aber nicht mehr so wie früher. Nicht jeder Marathonlauf führt zu Gesundheitsverbesserung. Im vorliegenden Fall regt er an zur Verarbeitung des eigenen Schicksals.

Ich bin sauer!

Zum Thema Übersäuerung möchte ich gerne etwas sagen. Die Ernährungsberater richten ihr Augenmerk zurzeit sehr auf die allgemeine Übersäuerung und die damit verbundenen Krankheitsbilder. Hier geht es auch um die entsprechende Haltung, die Sie haben, wenn Sie Ihren Körper übersäuern. „Ich rege mich (unbewusst oder bewusst) über ‚andere‘ und ‚ungelegte‘ Eier auf und vermittle so meinem Körper die Information, dass ich sauer bin." Das Ergebnis ist eine Übersäuerung des Körpers. Hier helfen die ganzen Basenpräparate auch nur bedingt. Es ist sinnvoller, seine Haltung zu ändern. Mit bewusstem Atmen lässt sich der Körper superleicht und kostenfrei entsäuern. Was atmen Sie denn aus? Kohlensäure. Das längere Ausatmen entsäuert verbindlich. Also zehn Minuten raus an die Luft und tief ausatmen…

Damit ist das Wesentliche schon gesagt. Der betreffende sauertöpfische Mensch hat eben emotional erlernt, wann er sauer sein muss. Er kümmert sich auch darum, das Erlernte umzusetzen, aber am verkehrten Ende. Das „Erlernte" kann so verstanden werden, dass es Ihrer Familie nicht erlaubt war, sauer zu sein. Jedenfalls nicht in der Öffentlichkeit. Also werden Sie es auf der körperlichen Ebene. Zunächst sollten Sie erkennen, wer Ihnen diese Emotion in Ihrer Familie vermittelt hat. Die Emotion wird dann an diese Person zurückgegeben, Mutter oder Vater oder anteilig an beide. Vergessen Sie nie, wenn in einer Gesellschaft alle die gleichen Speisen zu sich nehmen, so bekommen nicht alle Sodbrennen! Es ist auch hier Ihre emotional erlernte Struktur, so zu reagieren.

Basenpräparate sind im akuten Fall sicher hilfreich. Aber alleine durch deren Einnahme kommt es zu einer Verlagerung der emotional erlernten Probleme.

Ich habe auch ein Beispiel für den Zusammenhang zwischen Übersäuerung und Atmung: Während der Therapie werden Mutter und Vater ins Herz des Patienten aufgenommen. Dabei lasse ich, wenn der Schmerz nachlässt, einige tiefe Atemzüge machen. Ich habe festgestellt, dass selbst Männer, die ein großes Lungenvolumen haben, beim Ausatmen sehr zaghaft sind. Sie behalten ein größeres Restvolumen in der Lunge zurück. Sie könnten wesentlich mehr ausatmen. Ein bisschen von der „alten Säure" behält der Patient gerne zurück.

Impfen ist auch ein Schicksal.

Das Thema Impfschäden möchte ich gerne ansprechen. Eine langjährige Freundin hat mich mit diesen Fragen konfrontiert, als es um das Impfen Ihrer beiden Kinder ging. Sie hat sich nach langen verantwortungsvollen Gedanken teilweise dagegen und teilweise dafür entschieden.

Warum schadet dem einen Menschen die angeordnete Impfung und dem anderen nicht? Ist hier nicht auch schon eine negative Grundhaltung zum Leben übernommen worden, die den Impfschaden begünstigt? Wer vermutet hinter einer Depression einen Impfschaden?

Ich persönlich rechne j e d e Krankheit und deren Vorstufen dem System und den darin erlernten Emotionen zu. E g a l, um was es geht.

Bin ich schizophren?

Schizophrenie? Ist die Schizophrenie nicht auch nur eine Projektion der Polarität in Ihrer Familie, Ihrem System, dem Sie angehören, werden Sie sich fragen? Und birgt nicht jeder gegensätzliche Gedanke eine Art Schizophrenie? Bin ich etwa die Ausnahme? Muss ich dagegen etwas unternehmen oder reicht es, das Phänomen anzunehmen, und es löst sich auf. Zurückzugeben an Vater oder Mutter ist auch noch eine Möglichkeit. Wenn Sie tiefer einsteigen und sich beobachten, fallen Ihnen Muster auf wie: Ich liebe zwar die Menschen, aber bleibt mir bitte vom Leib, ich bin lieber alleine. Heute leben Sie gesund und brauchen nur Obst und gutes Wasser, an einem anderen Tag ist Ihnen der Luxus nicht groß genug, und Schlemmen von A-Z ist angesagt. Einmal bin ich mitleidsvoll, ein anderes Mal ohne positive Gefühle für das Leid der anderen.

Diese unterschiedlichen gefühlten Darstellungen sind nichts anderes als erlernte Emotionen, und die bewegen sich im Bereich der Schizophrenie.
Therapeutisch gesprochen müssen Sie diese zurückpacken zu dem Elternteil, von dem Sie diese erlernt haben. Es ist für jede Emotion der korrespondierende Elternteil zu suchen. Wenn sich der Krankheitszustand zuspitzt, ist sicher im „kollektiven" System eine Verstärkung für das Verhalten zu finden. Im Kollektiv reicht meist ein einmaliges Bewusstmachen. Bei den Eltern ist ein permanentes Bemühen und Zurückgeben der Emotionen notwendig.
Schizophrenie ist eine extreme Übernahme von Schuldgefühlen, meist von beiden Elternteilen. Eine schizophrene Patientin hatte Großeltern, die Juden an das Regime verrieten und ins KZ brachten, und die Großeltern der Mutterseite hatten Juden versteckt, um sie dem Zugriff zu entziehen.

Wenn Sie schizophrene Züge haben, erkennen Sie deutlich Ihre Gefühle, die emotional widersprüchlich erlernt wurden. Sie bereiten Ihnen Unbehagen. Sie führen zu Einsamkeit, Wut, Schmerz, Enttäuschung, Gekränktsein, Frustration, Angst, Überforderung, Aggression, Depression.

Bevor überhaupt eine ernsthafte Krankheit entsteht, besteht bereits beim ersten Auftreten der oben erwähnten Gefühle Handlungsbedarf. Eine Patientin bekam als Kind eine tüchtige Tracht Prügel, als sie nicht rechtzeitig zum Abendessen, um sechs Uhr, nach Hause kam. Noch heute verlässt sie das gesellige Kaffeetreffen mit ihren Freundinnen um diese Zeit. Sie fühlte sich nach dem Überschreiten der Zeit in Gesellschaft nicht mehr wohl. Obwohl sie inzwischen „erwachsen" ist. Erst als ihr Unwohlsein zugeordnet werden konnte, war sie zeitlich nicht mehr eingeengt programmiert und konnte bleiben.

Jetzt erst recht!

Es gibt auch gegenteilige Reaktionen, wie „Jetzt bleibe ich erst recht länger weg".

Die Frage ist, ob die primären Emotionen und Gefühle dazu in frühester Kindheit gesetzt wurden oder später, vielleicht in der Pubertät. Dann erfolgen auch Aktionen, die nicht kindlich unterwürfig oder bittend sind, sondern „aufmüpfig", eben pubertierend. Dann sind Sie erst einmal „gegen alles". Wie eben Kinder in der Pubertät. Und diese Reaktionen führen Sie auch im Erwachsenenalter weiter. Kennen Sie einen solchen Ehemann? Er ist gegen alle Ihre Vorschläge, wie gut sie auch sind. Kennen Sie eine solche Ehefrau? Sie kommen in die Küche, um Ihr bei der von ihr ungeliebten Küchenarbeit zu helfen und die Laune im Hause zu stabilisieren. Aber

Sie hören nur: „Lass das, ich mache es alleine, dann bin ich schneller fertig!" Nicht nur inhaltliche, auch zeitliche Prägungen im Laufe der Entwicklung der Wirbelsäule sind also bestimmend, wie Sie sich im späteren Leben verhalten.

Endlich: Gleichberechtigt

Frauen haben die letzten 50 Jahre eine an die Männerwelt angeglichene Entwicklung im beruflichen Bereich gemacht und sind „selbstständig" geworden. Wie passt das mit der Beziehungsarbeit zusammen?

Gar nicht. Ich wende mich nun Männern und Frauen zu und der Betrachtung, wie das Leben zwischen beiden „gespielt" wird.
Ich denke, dass die Entwicklung in der Berufstätigkeit für jede Frau eine gewisse „Schizophrenie" bedeutet. Ganz pragmatisch gesprochen ist meiner Meinung nach in einer Beziehung die gemeinsame Hauptaufgabe, den Partner jeden Tag glücklich zu machen. Wenn ich dies umsetzen will, so habe ich einen liebevollen Ton im Umgang mit meinem Partner. Und diese Haltung bestimmt den Umgang und das Miteinander.
Dies steht im Widerspruch zum gängigen Umgangston in der Arbeitswelt, der die Frauen jetzt angehören. So gehört der „Schalter" umgelegt, je nachdem, in welchem Bereich eine Frau sich bewegt: zu Hause oder im Beruf. Gerade das fällt den meisten Frauen schwer, da sie gerne den Beruf mit nach Hause nehmen. Auch hier pflegen sie ihren Stil, die Dinge durch Wiederholungen im Gespräch mit dem Gesprächspartner „lösen" zu wollen. Dadurch ist ein liebevolles Privatleben nicht mehr möglich. Der Mann jedoch kann Beruf und Privatleben leichter trennen. Er ist ein Meister der Konzentration auf eine Sache, ein Single-task-Spezialist.

Das heißt nicht, dass irgendjemand die Entwicklungsschraube zurückdrehen soll, kann oder will und alle Frauen wieder an Heim und Herd gehören. Es heißt nur, dass gewisse Entwicklungen gewisse Resultate mit sich bringen, die nicht immer nur als positiv empfunden werden. Es gilt, Lösungen zu finden, wie es für Partner und Singles gut geregelt werden kann. Die eine braucht das Gespräch, der andere nicht. Am besten, Sie treffen sich mit ihrem Partner in der Mitte und finden einen Kompromiss!!!

Wie so etwas aussehen soll, fragen Sie sich?

Eine Frau hört gerne, dass sie geliebt wird, jeden Tag und mehrere Male, 50 Mal schaden nicht! Ein Mann empfindet dafür keine Notwendigkeit! Schließlich hat er sie geheiratet und vor dem Altar Ja gesagt für das restliche Leben. Was will sie noch mehr? Der Kompromiss ist: Er sagt es ihr nur 25 Mal am Tag!!!

Das ist alles privat! Im Beruf ist alles anders!

Alles Gesagte gilt auch für den Beruf. Alle Ihre emotional erlernten Strukturen setzen sich in allen Ihren Lebensbereichen fort, in Firmen, Unternehmen und Gesellschaften aller Art. Deshalb kann eine Optimierung in Unternehmen und Gesellschaften nur bedingt durch organisatorische Strukturverbesserungen erreicht werden. Denn organisatorische Strukturverbesserungen werden von Menschen und deren erlernten Programmen ausgeführt. Und diese Menschen setzen täglich Ihre erlernten Programme um. Aber auch dabei bevorzugen Firmen keine durchgreifenden Veränderungen. Sonst müssten der Chef eines solchen Unternehmens oder die Abteilungsleiter bei ihrer eigenen Person anfangen: Welche Emotionen habe ich erlernt? Warum traue ich mir keine besseren Mitarbeiter zu? Bin ich dann schlechter? Weshalb sind meine Leute immer unpünktlich? Warum traut sich niemand, konstruktive Vorschläge zu machen?

Eine durchschlagende Verbesserung ist nur über die Optimierung der menschlichen „Ressourcen" zu erreichen.

Hat ein Chef „Missbrauch" in seiner Familie erlernt, wird er seine Mitarbeiter missbrauchen oder von anderen missbraucht werden. Hat ein Mitarbeiter erlernt, gemobbt zu werden, dann kann er es aktiv und passiv. Ich erinnere Sie an die oben erwähnte Therapie einer gemobbten Patientin.

Karriere geht immer und wenn nicht, schuld sind die anderen.

Wissen Sie, was ich glaube? Kinder, deren „Pyramide" nur wenig stabil ist, kompensieren die fehlende Stabilität oder fehlende Liebe durch Ehrgeiz und Erfolgsstreben. Sie hecheln nach Anerkennung durch Leistung. Kommt somit die Gesellschaft mit ihren Strukturen wieder zum Zug?

Für die Gesellschaft sind solche Menschen ideal. Sie sind ideale „Arbeiter" und erhalten so die gesellschaftlichen Leistungsmechanismen. Das Interesse am Einzelschicksal tritt dabei in den Hintergrund. Die Gesellschaft agiert ohne Rücksicht auf die ganz persönlichen Wünsche und Ziele des Einzelnen, auf sein Wohlbefinden. Durch Ihre geleistete Arbeit erreichen Sie wenigstens ein bisschen Anerkennung und Wertschätzung, die Sie immer so sehr vermisst hatten in Ihrem Leben. Aber die Ursache für Ihre Haltung liegt in der Kindheit und der dort mangelhaft oder nicht erhaltenen Liebe durch Ihre Eltern. Ihre Leistungsbereitschaft ist nicht die Lösung, diese Liebe nachträglich zu erhalten.

Bleibt Ihnen in bestimmten Bereichen Ihrer Erziehung die Liebe teilweise oder ganz versagt, suchen Sie den Rest Ihres Lebens nach Bestätigungen für Ihre Entscheidungen und für Ihr Verhalten. Sie trauen sich selbst nichts zu. Meinungen bei Freunden, bei Nachbarn, beim

Ehepartner werden eingeholt und sind wichtig. Diese „ungeliebten" Personen schwanken wie ein Fähnchen im Wind. Zwingen sie sich endlich zu einem Schritt, so wird das Ergebnis der Vorahnungen prompt bestätigt: Es geht schief. Verantwortung hierfür lehnen Sie ab; denn der Rat kam ja von außen. Diese ratgebende Person hatte Unrecht! Selbst empfindet man kein Verantwortungsgefühl. Letztendlich können Sie noch so viele gut gemeinte Ratschläge einholen. Die endgültige Verantwortung für getroffene Entscheidungen tragen Sie selbst.

Wie viele Menschen reagieren auf diese Weise? Diese Menschen sind nicht geliebt, nicht frei, fühlen sich nicht wohl in ihrer Haut. Sie leben in der ständigen Angst, für die eigenen Handlungen zur Verantwortung gezogen zu werden. Vorsichtshalber wird gegen andere intrigiert, geschimpft, Unwohlsein und Krankheit werden als Entschuldigungen für mangelndes eigenständiges Fühlen, Denken und Handeln vorgeschoben, um nicht in die Verantwortung zu geraten. Dies lenkt ab – von der eigenen Person.

Dann ist da noch die Angst vor dem Neid der Mitmenschen. Um ihm zu entgehen, macht man sich kleiner, als man ist. Am besten erzählt man von den eigenen Missgeschicken, vom eigenen Unglück, von der eigenen Krankheit. Dann geht es dem zuhörenden Nachbarn gleich viel besser. Führt man eine schlechte Partnerschaft, relativiert sich die der anderen hin zum Besseren. Deklariert man das eigene Auto als bescheiden, relativiert sich das des Freundes. Ist der eigene teure Urlaub ein einziges Fiasko, relativiert sich das für die Daheimgebliebenen. Es scheint, dass Familie und Gesellschaft das Leid pflegen. Und, wer sich klein macht, ist ungefährlich und braucht keinen gesellschaftlichen „Angriff" zu fürchten. Sie werden „toleriert".

Eine solche Haltung gegenüber Ihren Mitmenschen pflegen Sie, wenn Sie zu den bescheidenen und zurückhaltenden Typen gehören. Dann stimmt Sie der früher erlittene Liebesentzug Ihrer Eltern eher traurig. Rückzug ist angesagt. Sie neigen zur Depression.

Bedenken Sie, dass der früher erlebte Liebesentzug, der Sie zu eigenen Handlungen nicht gerade ermutigt, Sie auch heute noch blockiert! Die eigenen Schritte trauen Sie sich nicht zu! Wenn Sie Schiffbruch erleiden, sind die anderen schuld.

Und jetzt bestrafen Sie sich erneut - durch mangelnde Eigenliebe. Sie hassen alle und sich selbst dafür, dass es schiefgegangen ist. Erlösen Sie sich! Lieben Sie sich so, wie Sie sind! Ich hatte eine Zeit lang Kinder mit Schulproblemen behandelt. Das musste immer „schnell gehen", weil eine Schularbeit anstand. Wenn ich diese Kinder vor einen Spiegel stellte mit der Bitte, sich in die Augen zu schauen und aus vollem Herzen zu sagen: „Ich liebe mich so, wie ich bin", flossen die Tränen. Das war nicht möglich. Auch die begleitenden Mütter hatten die gleichen Probleme und brachten den Satz nicht über ihre Lippen. Kinder reagieren wie Seismografen auf ihre Eltern und haben keine eigene Entscheidungsfreiheit in ihren Gefühlen. Und ein Kind bleiben Sie immer für Ihr restliches Leben!

Mind-machines, die durch visuelle und akustische Signale auf die Hirnwellen einwirkten und diese vorübergehend neu strukturierten, brachten bei diesen Schulaufgabenkindern gute und schnelle Ergebnisse, aber auch nur vorübergehend. Denn im Grunde genommen kommt das Lernprogramm, das Sie als Kind und später als Erwachsener pflegen, wie alles andere auch von Ihren Eltern. Sie haben es ererbt und erlernt und wurden so emotional programmiert. Unter diesen Gesichtspunkten gibt es keine „schlechten" Schüler!

Alle Ihre Stärken und Schwächen sind gerade für Ihr Schicksal notwendig und lebensentscheidend. Je mehr Sie Ihre Schwächen und Misserfolge ablehnen, desto stärker halten Sie daran fest.

Es liegt mir fern, hier eine Kritik an den Eltern in den Raum zu stellen! Die Eltern geben das weiter, was sie selbst als gültig erfahren haben, und sind ebenfalls „verstrickt" in übernommene, erlernte Gefühle. Daher finden Sie auch ähnliche Strukturen in Familien, Berufen sowie ähnliche Erkrankungen über Generationen hinweg. Solange Sie den Eltern Schuld an Ihrem Schicksal zuweisen, bleiben

Sie allen Problemen verhaftet. Je mehr Sie Ihre Eltern ablehnen, mit „hätten die es anders gemacht, mich nicht geschlagen, nicht gequält, auf eine weiterführende Schule geschickt, nicht meine Schwester, meinen Bruder bevorzugt, sich nicht scheiden lassen, nicht immer geschlagen, gestritten", umso stärker manifestieren Sie die Bindung zu ihnen. In der Ablehnung einer Sache halten Sie das damit verbundene Problem aufrecht. Dadurch wird Ihre Bindung im Negativen gefestigt. Auch Verbrecher, Huren, Süchtige werden Eltern! Deshalb sind sie nicht weniger Eltern als andere. Sie bekommen genau die Eltern, die Sie für Ihre Entwicklung brauchen!

Beruf und Privatleben gemeinsam mit dem Partner, geht das?

Beispiele machen meine Arbeit anschaulicher, und Sie können dabei die Hintergründe viel besser erkennen. Wollen Sie als Frau oder Mann noch einmal wissen: Gemeinsam im Beruf arbeiten und danach ein gemeinsames erfülltes Privatleben, geht das?

Meiner Meinung nach ist es fast unmöglich, beides unter einen Hut zu bringen. Jedenfalls ist es meine Erfahrung. Die Trennung zwischen dem, was Über- und Unterordnung in einer Firma bedeutet, und dem, was in einer Partnerschaft zu Hause gepflegt werden sollte, ist nur schwer möglich.
Ich hatte ein sehr erfolgreiches, liebenswertes Ehepaar in der Praxis, die in 46 Jahren Ihrer Ehe ein Unternehmen aufgebaut hatten, das allen wirtschaftlichen Rezessionen standgehalten hatte. Nun setzten sie sich zur Ruhe, und die Frau reagierte mit Brustkrebs und der Mann mit Gelenkbeschwerden. Was in diesen 46 Jahren nicht gelebt werden konnte, war eine liebevolle Beziehung zwischen beiden. Und jetzt wusste keiner mehr, wie es geht, oder besser gesagt, keiner traute sich zu, sein Herz aufzumachen.

Alle Männer im kollektiven System des Ehepaares, und zwar in beiden Systemen, hatten Herzprobleme und haben sich frühzeitig aus ihren Beziehungen verabschiedet.

Männer waren schon immer berufstätig. Wir Frauen haben uns dieses Feld erst seit einigen Jahrzehnten eröffnet. Viele Frauen lehnen sich adaptiv an die beruflichen Männerstrukturen an.

Angenommen, ein Ehepaar arbeitet tagsüber gemeinsam in der eigenen Firma und ficht dort gewisse Kämpfe aus, die der berufliche Alltag nun mal mit sich bringt. Abends sollen dann Liebe und Harmonie in der Partnerschaft gepflegt werden? Auf Dauer kann das der Paarbeziehung mehr Schaden bringen als sie fördern.

Frauen lieben Wiederholungen und können daher Beruf und Privatleben schlecht trennen. Sie erzählen auch nach Arbeitsschluss über ihre Probleme im Betrieb.

Die Paare sollten privat einen Zeitrahmen vereinbaren, innerhalb welchem die Frau alles erzählen darf. Von Ihnen als Mann ist nur gefordert zuzuhören. Nicht - ihrer Art entsprechend - eine Lösung zu finden. Nur Zuhören ist gefragt.

Als Frau sollten Sie so viel Disziplin aufbringen, nach Ablauf des zeitlich gesetzten Rahmens, die beruflichen Angelegenheiten, die Sie beschäftigen, nicht mehr zu erwähnen.

Es gibt Unternehmen, die sind weiblich strukturiert, und es gibt Unternehmen, die sind männlich strukturiert.

Meiner Meinung nach gehören die Strukturen überdacht, bei denen es ständig um „Kampf in der Firma" geht. Muss es denn in der Karriere mit der Brechstange zugehen? Hier fehlen mir einfach die Demut und das Annehmen des anderen Geschlechts, so wie es nun mal ist. Wenn man als Frau gerne „mit Männern kämpft", ist man in einem gemeinsamen Berufsleben zusammen mit seinem Partner genau am richtigen Ort.

Schauen wir zurück in die Schulklassen, gemischte Klassen. Wie weit sind wir gekommen? Keine guten Ergebnisse. Jetzt ist man wieder dabei zu trennen, weil es einfach zu unterschiedliche Entwicklungen und unterschiedliche Arten des Lernens zwischen weiblichen und männlichen Schülern gibt. Bei Separation unterstützt man die Mädchen in ihren Strukturen viel besser in der individuellen Entwicklung. Das Gleiche gilt für die Jungs.

Grundsätzlich möchte ich eine Anregung zum Überdenken geben, was Liebe und Partnerschaft angeht: Wenn ich in der Partnerschaft Entwicklungspotenzial habe (das haben wir fast alle, oder?), dann muss ich mir doch nicht noch die „doppelte Quote" geben, in dem ich mit meinem Partner in einer gemeinsamen Firma arbeite. Sie als Mann sind nun mal anders, wir als Frauen auch.
Wir Frauen treiben dann unsere Spielchen durch die Hintertür, um uns durchzusetzen. Das haben wir so gelernt, weil wir nicht körperlich stark genug waren, um mit der Waffe zu kämpfen wie die Männer. Seien Sie ehrlich zu sich selbst, was solche Haltungen betrifft. Dann könnte das neu daraus gewonnene Bewusstsein hilfreich für Ihre weitere private und berufliche Entwicklung sein.

Männer und Frauen passen nicht zusammen!

Wenn das so ist, gibt es wohl einen Zug der Geschlechter zueinander, der aus der Polarität resultiert, nicht wahr? Aber ehrlich gesagt sind beide total verschieden. Was ist dann aber Beziehungsarbeit? Wie können beide dennoch eine Gemeinsamkeit erreichen, die lebenswert ist?

Die Priorität in einer Beziehung liegt meiner Meinung nach darin, den anderen nicht zu verletzen. Sich klar darüber zu sein, dass man zusammen ist, um sich gegenseitig glücklich zu machen. In jeder Sekunde und an jedem Tag. Und das ist entscheidend!

Sie wissen genau, mit welchem Satz Sie Ihren Mann verletzen können! Männer hören besonders das Gesagte. Wenn Sie aber Ihren Mann verletzen, was ist er Ihnen dann noch wert? Diese Frage sollten wir Frauen uns öfter stellen, bevor wir reden. Ebenso sollten Sie sich fragen: „Welchen Beitrag kann ich leisten, damit er/sie sich glücklich fühlt?". Meiner Meinung nach führt eine solche Grundhaltung zu einer positiven Entwicklung in Ihrer Beziehung. Wenn Ihr Partner einen Wunsch hat, den Sie ihm erfüllen können, dann leisten Sie einen positiven Beitrag zur Beziehung.. Ich glaube, dieses Konzept geht in vielen Beziehungen verloren. Es wäre gut, wenn sich Ehe- und Beziehungspartner dauerhaft immer wieder fragen würden: „Warum sind wir zusammen? Was hat uns ursprünglich zusammengeführt? Welche gemeinsamen Aufgaben haben wir?" „Wir haben zueinander Ja gesagt."

Jeder Tag im Streit ist verloren. Der Tag, gelebt in Glück und mit Zufriedenheit, bleibt für alle Zeit! Viele fangen nicht einmal an, an ihrer Beziehung zu arbeiten. Warum denn warten, bis einer von Ihnen krank wird? Warum denn warten bis zur Scheidung? Warum denn warten, bis einer von Ihnen stirbt? Sie sind doch angetreten, um in diesem Leben gemeinsam glücklich zu sein?

Eine Beziehung zu gestalten kostet Offenheit, Wahrhaftigkeit, Wahrheitsliebe ohne Selbstbetrug und ohne Verbergen der tatsächlichen Meinungen und Absichten.

Wer keine Stabilität im unteren Bereich der Wirbelsäule hat, kein stabiles Wurzelchakra, der sollte dort mit seiner eigenen Entwicklung ansetzen.

Dann kann er sich auch die partnerschaftliche Entwicklung zutrauen.

In den meisten Partnerschaften fordert die Gesellschaft ihren Tribut; denn die dortigen Gepflogenheiten lassen sich schwer mit

Ihrem Privatleben vereinbaren. Die Gesellschaft versucht sich in ihren eigenen Strukturen zu erhalten. Die richten sich oft gegen Sie als Individuum und gegen die Pflege Ihrer Partnerschaft.

Hier sind die Regeln und Wünsche von Individuum und Gesellschaft konträr, genau wie bei einer gemeinsamen beruflichen Verbindung mit einer privaten Partnerschaft.

Jeder Mensch möchte geliebt werden, sehnt sich nach der glücklichen Partnerschaft. In der Partnerschaft will man den anderen kennenlernen: Wie bist Du als Mann oder als Frau? Wo sind unsere Grenzen? Wie gehen wir miteinander um? Das partnerschaftliche Glück findet sich in der Zweisamkeit, nicht in der Gesellschaft. In der Regel sieht der Alltag vieler Partnerschaften so aus, dass die Wochenenden verplant sind mit Aktivitäten, Verpflichtungen und Gesellschaften. Wer kommt zu Besuch? Wo gehen wir hin? Wo aber bleibt die gelebte Beziehung? Die meisten Paare wissen nichts mit sich anzufangen.

Diesen Spagat zwischen Partnerschaft und Gesellschaft zu machen kostet viel Kraft und Energie. Die gesellschaftliche Ablenkung erspart den Paaren, ihre Beziehung zu leben und zu regeln und darüber nachzudenken. So entgeht man der Beziehungsarbeit.

Honoré de Balzac soll sinngemäß gesagt haben, dass die Einsamkeit etwas Wunderbares sei. Aber dazu brauche man ab und zu die Gesellschaft, um das zu erkennen! Genau!

Die Gesellschaft ist mir doch egal!

Oft hört man Leute sagen: Mir ist doch die Gesellschaft egal. Ich mach, was ich will. Aber ich weiß aus eigener Erfahrung: Wenn du krank bist, hat die Gesellschaft ein Mitglied, das integriert ist, angepasst und ungefährlich. Ich habe zu Zeiten einer Erkrankung die Gesellschaft als „leichter" empfunden. Es war kein Druck mehr da.

Ja, der Gesellschaft sind Sie mit Ihren individuellen Ansprüchen egal. Kranke machen sich klein und schwach und erscheinen daher „ungefährlich". Damit sind sehr viel mehr Leute freundlich zu Ihnen, als wenn Sie gesund sind und für Ihre Ideen und Meinungen voll eintreten können. Durch eine Krankheit entziehen Sie sich automatisch dem gesellschaftlichen Druck. Deshalb erfindet die Gesellschaft oft Modekrankheiten, die nicht zu ernsthaft sind. Dadurch können wir uns einen „kleinen Freiraum" verschaffen. Ein bisschen Durchschnaufen ist dann erlaubt. Gleichzeitig stärken gemeinsame Krankheiten das kollektive Bewusstsein, so lange sie nicht lebensgefährlich sind.

Wahrscheinlich hat Sie Ihre Familie als Kind umsorgt und gehätschelt, als Sie mit Masern, Windpocken, Röteln oder Keuchhusten im Bett lagen. Das haben Sie sich gemerkt, und als Erwachsener hoffen Sie auch heute noch auf die gleiche Reaktion Ihrer Umwelt. Mit der Krankheit mildern Sie den emotional empfundenen Druck, der Ihnen durch Gesellschaft und Familie auferlegt wurde. Jetzt sind Sie es, der die Gesellschaft „steuert" und gewissermaßen durch Krankheit geschwächt ein Machtmittel besitzt.

Sind Sie allerdings in einer Familie groß geworden, die über Ihre Krankheiten nicht erfreut war, weil Ihre Mutter berufstätig war und keine Zeit für Sie hatte, dann ist es für Sie auch heute nicht von großem Interesse, krank zu sein.

Manche Paare wohnen sogar mit den Eltern oder Schwiegereltern zusammen! Das wird gesellschaftlich hoch gewertet! Da gibt es kein Privatleben. Die Ehe eines jungen Paares ist im „Angesicht" der Eltern doch nicht zu führen! Oder sehe ich das verkehrt?

Jedenfalls ist ein Privatleben schwer möglich. Oft gibt es bereits Reibereien, weil sich die angeheiratete Schwiegertochter nicht traut, die Wohnungstüre abzuschließen oder weil der Ehemann die

Abende bei seinen Eltern verbringt. Die Kinder sind lieber bei den besseren (Groß) Eltern, und die Erziehung durch die Eltern bleibt auf der Strecke. Ein befreundetes Ehepaar hatte oft die Schwiegermutter und Mutter des Patienten im Schlafzimmer „zu Besuch". Er traute sich nicht, seine Mutter daraus zu verbannen. Er wohnte mit seiner Frau im Haus seiner Mutter und das ohne Miete.

Ich erinnere mich an die Erzählung einer Patientin, die sich nach langen Überlegungen schließlich traute, Ihre Etagenwohnungstür im Haus Ihrer Schwiegereltern abzuschließen. Ihr Mut, dies zu tun, führte zu einem Riesenstreit zwischen allen Familienangehörigen. Besonders ihren Mann machte das Spektakel betroffen. Er fühlte sich zwischen allen Fronten stehend. Heute ist das Paar im eigenen Haus, und das Verhältnis zu den Eltern bzw. Schwiegereltern hat sich „normalisiert". Was jedoch viel wichtiger ist, dass sie sich ein Stück Freiheit für ihr eigenes Leben reserviert haben und dort ihr Privatleben pflegen, ohne Einmischung der Eltern und Schwiegereltern.

... sagt mein Mann

Mein Mann hat einmal seine Meinung zu Beziehungen gesagt. Das nehme ich jetzt hier rein.

Jedes Zusammenleben über längere Zeit führt zu „einem Platz im Herzen". Ist dieses Zusammenleben negativ angelegt, so führt es zu Ängsten. Zorn. Hierarchische Fehlstrukturen entladen sich in Spannung und Streit, z.B. zwischen Geschwistern. Aber der Platz im Herzen bleibt. Die Beurteilung dieser Personen in einem negativ angelegten Zusammenleben führt zu Wertmaßstäben für das eigene Leben. Um sich diese als Einordnungskriterien zu erhalten, klammert man sich noch mehr an die negative Situation. Ständige Konfrontationen schaffen die stärksten Abhängigkeiten. Wer z.B.

glaubt, er habe „mit einer Person nichts mehr zu tun", schafft Konfrontation, negative Bindung und Abhängigkeit.

Beim Zusammenleben von Mann und Frau hat die Natur die Fortpflanzung im Sinn. Die Polarität von Mann und Frau macht es fast unmöglich, in „dauerhafter Liebe" zusammenzuleben. Körpersprache, Sprache, Denkweise, Reaktionsmuster, Gefühle sind bei Männern und Frauen konträr.

Hier die wesentlichen Unterschiede:

Bleibt eine Frau gefühlsmäßig auf der Strecke, wird sie entweder aggressiv oder depressiv. Entweder sie findet Vorwände aus der Depression heraus, um sich der Beziehung zu entziehen, oder sie weist durch ihre Aggressivität den Mann zurück. Beide finden das Verhalten des anderen unmöglich. Die Frau sucht und braucht die verbale Klärung für ihre Emotionen zum wiederholten Mal. Der Mann regelt es über die Vernunft - einmal - und lässt dabei die Gefühle außen vor. Auch hier kommt es zu keiner Einigung.

Frauen können nicht vergeben, Männer können neu anfangen. Jeder wünscht zwar den Neuanfang, aber jeder versteht darunter etwas anderes. Anstatt eine Beziehung zu „pflegen", kommt es bei der Frau zu Ersatzhandlungen wie Putzen, Duschen, Shoppen usw. Der Mann regelt seine Angelegenheiten für sich und entzieht sich dadurch in den Augen der Frau teilweise oder ganz der Beziehung.

Der Mann sagt zu seiner Partnerin einmal Ja, die Frau braucht das Ja täglich.

Der Mann bereitet seine Gespräche inhaltlich auf, die Frau schlagwortartig.

Im Gespräch vermischt eine Frau in ihrer Argumentation Emotionen und Fakten. Der Mann kann dieser Gesprächsführung nicht folgen.

Wenn Sie als Frau neben ihrem Mann auf der Couch sitzen, kann er Sie nicht sehen, wohl aber das entfernte Bild einer Frau im Fernsehen. Und so wird er diese Frau bewundern und nur noch Augen für sie haben. Als Ehefrau fühlen Sie sich dadurch „schlecht" behandelt, disqualifiziert gegenüber der Frau im Fernsehen. Laufen Sie Ihrem Mann jedoch über einen Marktplatz entgegen, kann er Sie sehen und hat Augen für Sie. Die Perspektive ist für ihn entscheidend. Das zu wissen stimmt Sie doch versöhnlich!

Solche Unterschiede zwischen Männern und Frauen sollten die Paare kennen. Damit werden die Verschiedenheiten nicht weniger. Aber man kann sich über deren Abläufe einigen.

Neben dieser allgemein gültigen Sichtweise, die zur Bewältigung einer Paarbeziehung im täglichen Leben in ihrer Erkenntnis und Regelung hilfreich sein kann, sind zusätzlich systemische Strukturen in den einzelnen Paarbeziehungen vorhanden. Auch sie sind zu erkennen und im übergeordneten Rahmen zu lösen.

Und noch einmal, Beziehungen...

Wie viele Beziehungen haben Sie schon hinter sich? Keine ist gelungen. Fallen Sie immer auf die gleichen „Typen" herein? Sie wissen bereits im Voraus, dass es schiefgeht, aber die Hoffnung ist da und der innige Wunsch, endlich die große Liebe zu finden, das Angenommenwerden, wie Sie sind, keine Kritik, keine Ablehnung durch den Partner. Jeder Mensch hat tief in seinem Innern diesen Wunsch. Es ist wie die Sehnsucht eines Kindes nach Liebe. Wenn ich in meiner Umgebung die gelebten Beziehungen anschaue, dann frage ich mich, warum diese Paare überhaupt zusammen sind. Kein einziges freundliches Wort wird ausgetauscht. Im Kasernenton erfolgt die Kommunikation oft in pubertierender Sprache. Der Partner wird unterschwellig verletzt durch Tonfall, Wortwahl und Körpersprache. Warum sind diese beiden Personen eigentlich zusammen? War die erste Absicht nicht die, den anderen glücklich zu machen? In diesem Ton? Wie viel liegt Ihnen denn an Ihrem Partner, wenn Sie ihn so behandeln? Wenn Sie nicht zusammen sind, um sich gegenseitig glücklich zu machen, aus welchem Grund dann? Um sich das Leben schwer zu machen, den anderen zu erniedrigen, ihm seine Minderwertigkeit vor Augen zu führen, zu zeigen, wie viel klüger, besser, geschickter und gescheiter Sie selbst sind? So, wie Sie es einmal selbst durch Ihre Eltern erfahren haben.

Viele Paare suchen gemeinsame Aktivitäten, um ihre Beziehung zu beleben und zu pflegen, ich sage, um sie zu zementieren. Meist sind diese Unternehmungen gesellschaftlicher Art und damit eher nicht förderlich für die Pflege einer Beziehung. Meiner Meinung nach ist die beste Pflege das gemeinsame Zusammenleben, in Harmonie und Liebe und mit dem steten Bewusstsein, wie der Partner glücklich gemacht werden kann.

Nichts geht mehr, rien ne va plus.

Eine 75-jährige Frau kam zu mir in die Praxis. Sie war schon sehr lange unzufrieden mit ihrer Partnerbeziehung („die Kiste steckt schon richtig tief im Schlamm", sagte sie). „Wie stehen in meinem Alter die Chancen einer ‚Reparatur‘ der Beziehung? Empfehlen Sie mir eine Trennung?" Dies waren ihre Fragen.

Es spielt keine Rolle, wie lange eine Partnerschaft besteht. Für eine bestehende Partnerschaft ist erst einmal alles zu tun, um sie glücklich zu gestalten. Oft ist es nur ein kleiner Schritt, der auf den Partner zu gemacht werden soll. Nach Jahren der Verletzung ziert sich aber jeder der Partner, gleich auf den ersten Schritt zu reagieren. Die Verletzungen sitzen zu tief, um auf dieses erste Werben sofort zu reagieren. Derjenige, der in der Partnerschaft den Wunsch zur Veränderung hat, geht den ersten Schritt; denn e r will etwas.

Der erste Schritt beginnt symbolisch gesehen bei sich selbst. Niemand kann von seinem Partner erwarten, dass er ihn glücklich macht. Das ist eine kindliche Haltung, wie der Wunsch vom Christkind, Geschenke zu bekommen. Das bedeutet, dass Sie Ihre eigenen Strukturen, Ihr eigenes Leben ordnen und gestalten müssen, um glücklich zu sein. Wenn beide Partner solche Entwicklungen wollen, kann jede Beziehung glücklich gestaltet werden. Wenn aber ein Partner solche Entwicklungen nicht zulässt oder boykottiert, dann sind Trennungen oft unausweichlich.

Sowohl die „gescheiterte" Beziehung als auch die Zeit während einer solchen Beziehung vermitteln einen Reichtum an Erfahrungen, die jeder Partner positiv mitnehmen kann. Das sehen die Beteiligten oft nicht so; denn jeder Partner ist wegen des Misslingens der Beziehung auf den anderen böse. Der Schuldige ist dabei leicht zu finden: Es ist immer der andere.

Ich gebe zu, dass die gesetzten Verletzungen manchmal so tief sind, dass es zusammen nicht mehr weitergehen kann.

Kommt es dann zur Trennung, werden partnerschaftliche Trennungen häufig nur räumlich vorgenommen, aber nicht emotional. Besonders das vergangene Negative verbindet. Eine solche weiterhin bestehende Verbindung verhindert eine neue Beziehung. Ein Partner erzählt permanent von seinem/seiner Ex. Dies geschieht oft in Anwesenheit der neuen Partner. Es ist modern, eine Patchwork-Familie zu haben. Und alle verstehen sich. Weshalb erfolgte dann die Trennung vom früheren Partner? Weshalb bemühen sich die früheren Partner nicht um eine gemeinsame Zukunft, wenn alles „eitel Freude" ist?

Patchwork-Familien sind modern

Wer will seinen Partner nicht für sich? Wer will ihn mit seiner früheren Familie teilen?

Als Erstes sollte der nachfolgende Partner sich bei seinen Vorgängern bedanken, dass sie Platz gemacht haben, um ihm die jetzige Beziehung zu ermöglichen. Das mag Erstaunen auslösen, aber es löst auch eine große befreiende Emotion, wenn es therapeutisch ausgesprochen wird. Den ersten Platz bekommt der zweite Partner nie. Die Verbindung zwischen früheren Partnern, die gemeinsame Kinder haben, ist immer groß. Und Fakt ist nun einmal, dass ein erster Partner der erste ist und bleibt, ein zweiter Partner die zweite Stelle hat usw.

Der nachfolgende Partner hat gegenüber den Kindern aus früheren Beziehungen keine Verpflichtung. Wenn er diesen Kindern gegenüber eine Geste liefert, etwas Gutes tut, dann aus Liebe zu seinem neuen Partner, der der Vater oder die Mutter der Kinder ist.

Es ist nicht ganz leicht, eine solche emotionale Disziplin aufrechtzuhalten. Wenn in einer neuen Partnerschaft beide Partner frühere Beziehungen hatten, aus denen Kinder stammen, ist es leichter, diese neue Beziehung zu führen. Dann herrscht ein gewisses emotionales Gleichgewicht. Hat nur einer der Partner Kinder aus früheren Beziehungen und der andere nicht, ist es für diesen sehr schwer, seinen Platz in der neuen Beziehung zu finden und ihn einzunehmen. Es fühlt sich zwischen den Partnern an wie ein Konto, das nicht ausgeglichen ist. Auszugleichen wäre es durch den Partner mit Kindern, der sich bei dem anderen bedankt, dass er ihn als Partner so akzeptiert und liebt, wie die Situation ist. Oder ein Partner ist geschieden und der andere nicht, dann gilt der Dank demjenigen, der den Geschiedenen als Partner liebt. Im Grunde kann man jeden Partner und jede Partnerin akzeptieren und lieben, sozusagen als Geschenk des Schicksals, wenn man sich dafür bedankt. Dann ist das emotionale Gefälle aufgehoben. Können Sie Geschenke annehmen ohne schlechtes Gewissen? Können Sie sich dafür bedanken? Das fällt vielen Menschen schwer. Ein „ausgeglichenes" Konto auf der menschlichen Ebene macht in der Partnerschaft am wenigsten Probleme.

Aber auf jeden Fall kostet es viel emotionale Disziplin, eine solche Patch-work-Familienbeziehung zu führen und viel Liebe zum Partner.

Mit einer Scheidung ist man noch lange nicht geschieden!

Ich hatte einen Patienten, dessen Frau sich wegen seines Fremdgehens scheiden ließ. Der Patient „beschäftigte" sich mit dieser ersten Frau: Er betreute rechtlich deren Eltern auch nach der Scheidung. Seine zweite und dritte Ehe scheiterten. Er verbot seinem Sohn aus erster Ehe den Kontakt zur Mutter.

Die erste Frau des Patienten ist jetzt glücklich verheiratet. Ihren ersten Mann, den Vater des gemeinsamen Sohnes, hatte sie aus sozialen Gründen geheiratet. Ihre Eltern legten großen Wert auf sozialen Status.

Sie war ebenfalls meine Patientin. Niemand wusste dies vom anderen.

Wenn man alle Beteiligten betrachtet, dann ergibt sich folgendes Bild: Der Mann hatte keine positive partnerschaftliche Beziehung durch seine Eltern emotional erlernt. Er war adoptiert, ohne seinen eigenen Vater aufgewachsen, den er nie kennenlernte - und er war „mit seiner Mutter verheiratet". Seine erste Frau hatte den durch ihre Eltern „erlernten sozialen Status" in ihrer ersten Ehe gesucht und gefunden. Dadurch „fühlte sich der Mann durch seine Frau betrogen" und ging fremd. Durch dieses Verhalten blieb er zudem seiner Mutter „treu". Die wiederum unterstützte ihren Sohn in dieser

Lebenssituation und hatte für die damalige Schwiegertochter und deren Wunsch nach Scheidung kein Verständnis.

Keiner hatte zunächst „böse" Absichten, eine schlechte Beziehung zu schaffen. Aber beide traten mit Vorzeichen an, die nicht funktionieren konnten. Die emotionalen Absichten waren nicht geeignet, eine liebevolle Gemeinschaft aufzubauen. Beide hatten es auch nicht gelernt. Ich bin überzeugt, dass jeder Mensch die größte Sehnsucht nach bedingungsloser Liebe hat („ich liebe dich so, wie du bist"), aber kaum einer weiß, wie sich das anfühlt und wie man das macht.
Diese beiden Patienten blieben in ihrer Bedürftigkeit nach Liebe „auf der Strecke".

Häufig nehmen bei Scheidungen und Trennungen die Kinder die Schuld auf sich, die in die Beziehung der Eltern gehört. Hier gilt das Prinzip, dass ein Kind vordergründig dem Stärkeren folgt, heimlich aber dem vermeintlich schwächeren Elternteil seine Gefühle zuwendet.
Ich erinnere mich an eine Patientin, die in einer Trennungsphase steckte. Ihr Mann kam zu ihr mit dem gemeinsamen Sohn und fragte, ob sie es noch einmal gemeinsam versuchen könnten. Die Patientin sagte Nein. Oder hätte sie vor ihrem Sohn die privaten Beziehungsprobleme zwischen sich und ihrem Partner besprechen sollen? Ihr Partner hatte sich jahrelang auf kein klärendes Gespräch eingelassen. Wie fühlt sich das Kind beim Nein der Mutter, wie fühlt sich die Mutter im Beisein des Kindes, wie der Vater des Kindes in der durch seine Taktik „gewonnenen" Situation? Geben Sie sich selbst die Antwort!
Kinder gehören nicht an einer Beziehungsarbeit beteiligt. Dies ist Missbrauch.
Die Lösung für alle Beteiligten liegt in der emotionalen Trennung vom Partner. In einer Beziehung hat jeder der Partner Schuld auf

sich geladen, für die er alleine die Verantwortung übernehmen muss. In jeder Beziehung haben die Partner gegeben und genommen, in Dankbarkeit. Diese positive Haltung und Formulierung ist wichtig. In negativen Strukturen, die aus einer früheren Partnerschaft zurückbleiben, bleibt auch die Beziehung „stecken". Sie wird nicht gelöst.

Je länger eine Beziehung gedauert hat, desto schwerer ist die Lösung. Die eingegangene und empfundene Bindung ist in der ersten Beziehung am größten. Durchaus hat die Liebe in weiteren Beziehungen die Chance, größer zu sein als in der ersten Partnerschaft.

Die Verantwortung für die Kinder tragen beide Elternteile gemeinsam. Die Auflösung betrifft nur die Partnerschaft, nicht das Elternsein. Nach einer gescheiterten Beziehung gibt jeder Partner den anderen emotional frei. Danach ist jeder frei für eine neue Bindung. Außerdem ersparen solche Eltern den Kindern ein ähnliches Schicksal. Aber das müssen beide Elternteile so wollen.

Bei einer Trennung von Eheleuten bezieht man die Kinder nicht mit ein, so wie oben negativ geschildert. Sie haben Zugang zu beiden Eltern und Umgangsrecht. Wenn ein Elternteil das Kind zu beeinflussen versucht, macht es sich dem Kind gegenüber schuldig.

Denn das Kind ist ein „Produkt" aus beiden Elternteilen und hat Anteile von beiden. Wenn Sie emotional einen davon ausschließen, lieben Sie Ihr Kind nicht. Ein Kind zu kritisieren mit dem entsprechenden Unterton im Satz: „Du bist wie dein Vater" bedeutet, dass Sie die Anteile des Vaters in der Person des Kindes kritisieren und ablehnen. Damit lehnen Sie aber auch Ihr Kind teilweise ab. „Ich liebe es nicht, so wie es ist", jedenfalls nicht, soweit es seinem Vater ähnelt.

Auch bei einer Abtreibung treibt die Frau die Lebensanteile des Partners mit ab. Zu behaupten, man liebe seinen Partner dennoch, entspricht nicht der Wahrheit. Möglicherweise kann sie/er danach eine Beziehung mit ihr/ihm neu beginnen.

Die letzte Verantwortung für eine Abtreibung liegt immer bei der Frau! Sie vollzieht!

Kinder und Erziehungsfragen

Ich meine, dass Erziehungsfragen auch systemisch angeschaut werden sollten.

Wenn die Beziehung der Eltern gut funktionieren soll, dann kommen die Kinder an zweiter Stelle. Das beste Vorbild für Kinder ist, die Verbundenheit und Liebe der Eltern zu spüren und gleichzeitig auch die Liebe der Eltern zu bekommen. Ideal ist es, Kinder in Liebe zur Freiheit zu führen. Diese sorgen bei Bedarf freiwillig für ihre Eltern und ihre Mitmenschen. Aber die Paarbeziehung kommt vor den Kindern. Das erscheint mir sehr wichtig. Welches Vorbild gibt man den Kindern, wenn man vor ihnen streitet, die Liebe nicht pflegt, den Partner vor deren Augen disqualifiziert? Diese emotionalen vorgelebten Strukturen übernehmen die Kinder später auch in ihrer Partnerschaft. Dabei wollte jeder von uns es nicht so machen wie die Mutter oder der Vater. Aber der Kopf hilft nicht weiter. Die Emotionen wurden nicht durch den Verstand gesetzt und sind durch ihn auch nicht aufzulösen. Alles läuft über Gefühle, auch die Lösung aus solchen Bindungen an Ihre Eltern.

Sie sollten sich im Klaren darüber sein, dass diese Haltungen und emotionalen Lebensweisen in Ihrer Partnerschaft gar nicht ausgesprochen werden müssen, um sie Ihren Kindern zu vermitteln. Es ist das Gefühl, das die Kinder mitbekommen. Über Gefühle wird in aller Ehrlichkeit meist nur nonverbal kommuniziert. Dagegen kann man das gesprochene Wort fast immer als Lüge bezeichnen.

Und gerade Kinder haben Antennen und sind Seismografen für die Kommunikation, die nonverbal abläuft, besonders zwischen ihren Eltern, denen sie so eng verbunden sind; die Ihnen ihr tägliches Leben sicherstellen, egal, wie Sie sich verhalten.

Mit einem Neugeborenen kommunizieren wir auf nonverbaler Ebene. Diese emotionalen Prägungen bleiben für immer erhalten. Erst später kommt die verbale Kommunikation hinzu. Da ist der emotionale Schaden oft schon angerichtet. Zu glauben, ein Kind würde nicht wahrnehmen, wenn Sie sich als Eltern streiten, da es die Worte nicht versteht, ist falsch. Ein Kind bewegt sich mit seinem Körper im Takt eines Gesprächs, dem es als Baby „ausgesetzt" ist. Auch vorgeburtlich bekommen Kinder die Gefühle der Eltern vermittelt. Sie sind später Teil ihres Lebensprogramms. Medizinisch und psychologisch gesehen geht die Entwicklung über Generationen. Wie die Chromosomen „fallen", so fallen sie über Generationen: Es ist in uns ein Teil der Eltern, der Großeltern, Urgroßeltern dabei usw. Auch ein Teil von Adam und Eva ist in uns. Dies beinhaltet Entwicklungen von Anbeginn der Menschheit bis zum heutigen Tag. Seit der Vertreibung aus dem Paradies kämpfen wir mit der Polarität der Dinge. Der erste Mensch war androgyn! Er kannte keine Gegensätze; er selbst war vollkommen. Mit der Erschaffung der Eva war die „unheilvolle Polarität" schon vorgezeichnet. Mit der Vertreibung aus dem Paradies wurde diese Polarität für uns zum Lebensinhalt. Dies wäre eine mögliche Interpretation!
In welchem Ausmaß erfahren wir jeden Tag! Jeden Tag entscheiden wir uns zwischen Ja und Nein, zwischen Krieg und Frieden, Freund und Feind, Gut und Böse, Geben und Nehmen. Wie leicht wäre das Leben ohne diese Entscheidungen, ohne diese Polarität.

Ich glaube und ich weiß, dass Paare einen Teil der gelebten Beziehung aufgeben müssen, wenn Kinder da sind. Kinder brauchen Pflege und Zuwendung, und das kostet Zeit. Dennoch sollte die Haltung der Paare sein: „Wir priorisieren die Paarbeziehung." Das meine ich emotional und nicht, dass die Kinder dadurch vernachlässigt werden.

Allerdings habe ich bei manchen Frauen den Eindruck, dass sie glauben, Kinder seien „Mittel zum Zweck", eine Paarbeziehung zu erreichen, eine schlecht funktionierende Partnerschaft zu festigen. Eine Frau fokussiert meist auf das Kind und „vernachlässigt" den Mann. Das Kind wird als Alibi missbraucht dafür, dass sie nicht mehr für ihren Partner bereit ist und kein Interesse mehr an ihm hat. Sie hat keine Lust mehr, die Beziehungsarbeit zu leisten.

Ich empfinde eine solche Haltung als doppelten „Missbrauch" gegenüber dem Partner und dem Kind.

Auch Männer begehen „Missbrauch", um die Beziehungsarbeit nicht leisten zu müssen. Stellen Sie sich vor, als Vater sehen Sie Ihre heranreifende, „unschuldige" Tochter. Sie denken an die komplizierte Beziehung zu Ihrer Frau! So wenden sich viele Männer den „unschuldigen Mädchen" zu, anstatt ihre eigene Beziehung zu regeln und zu leben. Ich spreche hier nicht von körperlichem Missbrauch! Der emotionale Missbrauch tut genauso weh und kommt sicherlich häufiger vor!

Denn Kinder tun für ihre Eltern alles, weil sie glauben, sie könnten für sie die Beziehung leben und regeln. Eine „brave" Tochter tut alles, um ihrem Vater zu gefallen. Das wäre die eigentliche Aufgabe ihrer Mutter, die sich aber dafür nicht „hergibt". Ich erinnere mich an eine Patientin, die mit ihrem Vater „verheiratet" war. Beide besprachen die privaten und familiären Dinge miteinander. Die Mutter hatte vom Intellekt her keine Möglichkeit, den Gesprächen zu folgen. Sie war eifersüchtig und konnte diese Eifersucht nicht steuern. Aber sie schaffte es, ihre Tochter zu enterben. Der Schlusssatz gegenüber ihrer Tochter bei der Testamentseröffnung war: „Das hast du nun davon!"

Mit einem solchen familiären Hintergrund, wie gerade geschildert, finden Sie als Tochter später keine emotionale Bindung zu einem

Ehemann. Ihnen fehlt wieder einmal Ihre Pyramidenbasis. Sie hatten keinen Vater; denn sie fungierten als seine Ehefrau, und damit war er in der Position als ihr Ehemann. Eine Mutter hatten sie auch nicht, denn sie wurde in eine Position gedrängt, die der eines Kindes glich; sie war nicht stark genug, um Ihren Platz als Ehefrau einzunehmen. Und wo bleibt da ein kindgerechtes Aufwachsen für Sie als Tochter?

Eine Beziehung im Positiven kann gar nicht erst entstehen. Wenn Sie als Tochter oder als Sohn in der Rolle als Ehemann oder Ehefrau „besetzt" sind, was geschieht dann in Ihrer Ehe?

Solche Kinder sind in ihren Gefühlen unfrei. Deren Ehen haben genauso wenig Bestand wie die ihrer Eltern. Sie leben unbewusst mit der Schuldübernahme eines Elternteils und somit mit deren Gefühlen. Solche Übernahmen enden – im schlimmsten Fall in einer Krankheit.

Beziehungen gehen nicht immer in die Brüche, und die Paare lassen sich nicht immer scheiden. Viele bleiben zusammen und führen ein „arrangiertes" Leben, ohne Liebe und ohne deren Vollzug.

Falls Sie sich als Paar oder einzeln für therapeutische Hilfe durch meine systematische Therapie entscheiden, bleiben Sie dennoch frei in Ihren Entscheidungen. Sie sind nicht gezwungen, das umzusetzen, was Ihnen die Therapie anbietet. Sie können wählen, ob und wie und mit welcher Geschwindigkeit Sie Ihr Leben nach den neu gewonnen Erkenntnissen verändern möchten und mit welcher Genauigkeit Sie Ihre „Hausarbeiten" täglich machen.

Ich erinnere an das Beispiel aus meiner Praxis, als eine Frau mit Beziehungsproblemen zu mir kam. Sie hatte 16 Männerbeziehungen. Keine hielt länger als ein paar Monate. Es stellte sich heraus, dass sie mit ihrem Vater emotional „verheiratet" war. Kein anderer Mann konnte ihm das Wasser reichen. Sie hielt zwar weiter den Kontakt zu mir, aber über Beziehungen sprachen wir über Jahre nicht. Sie brauchte etwa sieben Jahre, um die aus der Therapie gewonnenen Erkenntnisse für ihr Leben umzusetzen. Inzwischen hat sie eine positive Beziehung zu einem Partner über lange Jahre.

Ja, wer erzieht denn und wohin zieht er?

Gehört die Erziehung der Kinder in die Hände beider Eltern?

Sicher ist in den ersten Lebensjahren die Frau immer noch diejenige, die die Hauptaufgaben erfüllt.

In der Erziehung der Kinder sind allerdings sowohl das weibliche als auch das männliche Element in Form von Vater und Mutter vorhanden und für die Kinder erlernbar. Aus diesem Grund sind die Erziehungsprogramme wechselseitig zu sehen und auszuüben.

„Erzogen" wird immer „für und in" einer Familie. Erziehung heißt ja nicht, dass ich einem Kind sein Schicksal ersparen kann. Aber die Eltern können vorleben, wie das eigene Schicksal zu bewältigen ist, wie man Beziehungen pflegt, im Berufsleben klarkommt, moralische Grundsätze verwirklichen kann, glücklich ist in dieser Welt.

Die Gepflogenheiten dieser Erziehung sind von Familie zu Familie, von Dorf zu Dorf, Stadt zu Stadt, Land zu Land verschieden. In Europa herrschen andere Gepflogenheiten als in Afrika. Wir können solche Gepflogenheiten nicht adaptieren, weil es unserer kulturellen Entwicklung nicht entspricht.

In manchen Ländern wird das Wort Sexualität nicht einmal erwähnt! In anderen gibt es in den öffentlichen Medien enorme Vorgaben, wie das sexuelle Programm im Alltag gestaltet sein muss. Wie enttäuscht sind die Jugendlichen, dass nichts davon mit der Realität zu tun hat. Wie enttäuscht sind die Mädchen und Jungen, dass die erträumte Liebe nicht durch Sexualität entsteht. Jeder bleibt ohne Liebe „bedürftig" und ist enttäuscht, dass das Leben nicht wie ein Kinofilm abläuft.

Schuster, bleib bei deinen Leisten!

Allen Unterschieden im Leben müssen wir uns stellen: Nehmen Sie sich einen Lebenspartner aus dem gleichen Dorf, ist das sicher am einfachsten. Die gesellschaftlichen Verhältnisse kennt man. Schwieriger wird es, wenn ein Hamburger eine Bayerin wählt, und noch schwieriger wird es, wenn eine Deutsche einen Norweger heiratet, eine Schweizerin einen Afrikaner, ein Türke eine Griechin.... Hier hat man nicht nur die „übliche" Beziehungsarbeit zu leisten und zu gestalten.

Dann kommt irgendwann die Frage auf: Priorisieren Sie in dieser unterschiedlichen Paarbeziehung die gesellschaftliche Komponente oder die private? Beide Partner kommen aus unterschiedlichen Familien, mit unterschiedlichen Strukturen und unterschiedlichen emotionalen Gesetzmäßigkeiten. Daraus sollten die Paare eine eigene, neu geschaffene Beziehung gestalten und nicht darüber streiten, welches System das bessere ist. Ich empfehle Ihnen, zunächst als Paar drei Jahre auf einer einsamen Insel zu zweit alleine zu verbringen. Damit könnten viele gesellschaftliche Probleme ausgeschaltet werden, bis die Beziehung gefestigt ist. Drei Wochen Honeymoon reichen selten für ein ganzes Leben! Frauen hängen oft Hochzeitsbilder auf oder Bilder aus dem Urlaub, um sich an diese glückliche Zeit permanent zu erinnern. Wie schon erwähnt, Frauen brauchen die Wiederholung. Für Männer ist das nicht unbedingt wichtig und erforderlich. Ihnen genügt, dass es war.
Und die Gesellschaft mischt in der Zweisamkeit kräftig mit. Kaum ein Paar hat die Einsicht und Kraft, sich da den notwendigen Freiraum zu schaffen.

Am besten folgen Sie Ihrem männlichen Partner in sein System. Noch besser gehen Sie beide gemeinsam in ein drittes Land Ihrer

Wahl. Dann ist es für Sie beide gleich leicht, sich für eigene gemeinsame neue Strukturen in Ihrer Partnerschaft zu entscheiden. Keine der Parteien wird so durch äußere Umstände dominiert, übervorteilt oder disqualifiziert. Keiner von beiden hat einen Heimvorteil! Eingeübte Verhaltensstrukturen aus der gewohnten Gesellschaft, der gewohnten Umgebung hat dann kein Partner zur Verfügung. Leben Sie als Partner im Land Ihrer Frau, so sollte diese die Geste ihres Mannes würdigen, dass er ihr in ihr Heimatland gefolgt ist; denn für sie ist das Leben dort bekanntermaßen leichter.

Kinder sollten emotional den Heimatländern ihrer Eltern, besonders dem Land ihrer Väter, verbunden bleiben. Sonst entstehen emotionale Probleme verschiedenster Art!

Es gibt so viele Variationen zum Thema Beziehung. Ich erinnere mich an eine Patientin, die nach dem Tod ihrer Mutter stark medikamentenabhängig wurde. Bei diesem Anlass stellte sich heraus, dass ihr Vater noch eine außereheliche Tochter hatte. Der Vater litt sehr unter dem Tod seiner Frau; denn er war ein sexuell aktiver Mann. Die verheiratete Tochter „tröstete" ihn, anstelle ihrer Mutter. Nach kurzer Zeit war sie in der Psychiatrie und das jetzt über 15 Jahre. Sie will am Leben nicht mehr teilnehmen und ihren Vater nicht mehr sehen. Vor Kurzem verstarb er.
An ein Beispiel sei nochmals erinnert: Wenn eine Mutter ihren Sohn zum Ersatzpartner macht, mit ihm ihre Probleme bespricht anstatt mit ihrem Mann, dann ist er für eine Paarbeziehung nicht frei. Ich darf darauf hinweisen, dass solche Gespräche zwischen Mutter und Sohn keine Lösung des familiären Problems bringen, nicht für Sie als Mutter in ihrer Beziehung zum Ehepartner und für ihren Sohn schon gar nicht. Der einzige richtige Gesprächspartner für Ihre Probleme ist Ihr Ehemann und nicht ihr Sohn!!! Schließlich geht es in einem solchen Gespräch um die Lösung eines Problems, das zwischen Ihnen und Ihrem Ehemann existiert. Und nur Sie beide sind

dafür verantwortlich. Niemand kann Ihnen diese Kommunikation abnehmen.

Ich kenne eine Bekannte, die mit ihrer Freundin ein sehr enges, privates und offenes Verhältnis pflegt. Viele emotional essenzielle Entwicklungen werden von den beiden Freundinnen in persönlichen Gesprächen erörtert. Diese Freundin ist in ihrer Ehe nicht glücklich und hat genaue Vorstellungen über eine bessere Gestaltung ihrer Partnerschaft. Aber ihr Mann hat davon nie etwas erfahren. Nur ihre Freundin. Wie soll sich dabei etwas ändern? Dieser Frau fehlt der Mut, zu Hause beim Ehemann „die Karten auf den Tisch zu legen". Ich bezweifle sehr, ob die Gespräche mit ihrer Freundin für die Entwicklung in der Ehe hilfreich sind. Sie erscheinen mir eher eine Leidensverlängerung" in der Partnerschaft zu bewirken.

Viele Familien - Eltern und Kinder - wohnen zusammen in einem Haus. Die Nähe der Eltern ist nicht immer förderlich. Oder bringt es die Tochter fertig, im „Angesicht ihrer Eltern" den Partner zu lieben? Mir erscheint das nicht möglich.

In der Ehe nichts Neues

Wie kommt es dazu, dass so viele Paare irgendwann unzufrieden sind?

Die größte Sehnsucht jedes Menschen ist es, geliebt zu werden. Bekommt er diese Liebe, das Angenommensein so, wie er ist, nicht von seinen Eltern, dann sind viele Menschen bedürftig geworden und suchen diese Sehnsucht durch ihren Partner stillen zu lassen. Mit diesen Programmen und Strukturen überfordern Sie jeden Partner. Diese Liebesarbeit kann er nicht leisten, weil er kein Elternersatz ist. Hier greift die systematische systemische Therapie sehr gut und bietet echte Hilfestellung für eine persönliche Stabilität, indem die Liebe der Eltern nachträglich ins Herz gebracht wird.

Leider fangen die meisten Menschen gar nicht erst an, sich um ihre Persönlichkeitsentwicklung zu kümmern. Sie bleiben in der kindlichen Struktur hängen, was sich in Worten äußern kann wie: „ach komm", „ach bitte", ohne Argumentation, wie ein kleines Mädchen oder ein kleiner Junge, die um etwas betteln. Die pubertierende Struktur äußert sich darin, gegen alles zu sein. Des Weiteren gibt es das Pseudo-Erwachsensein: „Ich habe mir ein großes Wissen angeeignet, und ich weiß alles besser und kann auch alles besser!" Achten Sie bei sich und bei anderen darauf, wie sie formulieren. Sie werden staunen, was da alles ans Licht kommt. Hier schließt sich der Kreis zu den Entwicklungsstufen und den emotionalen Verletzungen in der Wirbelsäule, wie zuvor dargestellt!

Kommen zwei „Bedürftige" zusammen, Sie und Ihr Partner, und sind Sie in der gleichen Entwicklungsstufe hängen geblieben - nehmen wir mal an in der pubertierenden Phase -, so kann man sicher sein, dass Sie kontinuierlich streiten. Keiner kann dem anderen geben, was er oder sie braucht.

Ich kenne ein Paar, das einige Monate zusammen war. Keiner hatte sich aus seiner ersten Beziehung emotional getrennt. Die kindlichen Strukturen, die beide hatten, schienen beide zu überfordern. Als dem Paar ein zugelaufener Kater nach wenigen Tagen starb, brach für beide eine Welt zusammen. Der Schmerz war eklatant und beiden anzusehen. Nichts konnte die beiden aus der Depression herausholen. Das tat der kindlichen Seele gut, und beide waren im Schmerz „vereint". Vor Kurzem erfuhr ich, dass sie sich einen neuen Kater zugelegt hatten. Er hat bereits einige Gebrechen und Wehwehchen.

Ein anderes Paar, das eher mit pubertierenden Verletzungen lebt, streitet sich häufig. Der Ton ist auch pubertierend. Das Zusammenfinden der beiden geschieht über einen kleinen Tierzoo, mit dem sie rund um die Uhr beschäftigt sind. Die Tiere werden gestreichelt und gefüttert und gehegt, den ganzen Tag. Das verbindet. Aus „Zeit-gründen" erspart es dem Paar, die Beziehungsarbeit zu leisten. Das ist eine gute Entschuldigung, und die Wahrheit über eine nicht gelebte und nicht entwickelte Beziehung braucht nicht auf den Tisch.

Festzustellen ist, dass Tiere „für die Menschen" emotional reagie-ren. Bei den beiden war ständig ein Tier krank. Abgesehen davon, auch das bindet wieder Zeit!

Indien, das Land der Glückseligkeit

Da fallen mir einige Bekannte ein, die ständig nach Indien fahren, um ihre „Glückseligkeit" zu erfahren. Wenn sie dann wieder hier im Alltag leben, bricht die ganze „Glückseligkeit" zusammen, und das Beziehungsdrama geht weiter. Ist das Globalisierung?

Das ist eine sarkastische Benennung von Globalisierung. Nein! Hier fehlt die Basisarbeit, d.h., die Liebe der Eltern und die Arbeit im Wurzelchakra. Außerdem leben Sie in einer anderen Kultur. Sie ha-ben andere gesellschaftliche Gepflogenheiten. Aus anderen Kultur-kreisen lassen sich durchaus neue Perspektiven und Erkenntnisse gewinnen. Ich halte aber nichts von Übernahmen. Von „globalen Übernahmen" schon gar nichts. Indische, asiatische, afrikanische Kulturen kennen andere Emotionen und Gefühle als wir Europä-er. Diese sind über Jahrtausende gepflegt und entwickelt worden. Aber S i e werden kein Chinese, wenn Sie chinesische Akupunk-tur praktizieren. Und für europäische Patienten passen bestenfalls die Ergebnisse einer solchen Behandlung, nicht die Hintergründe der geschichtlichen Entwicklung. So etwas zu verstehen oder gar zu übernehmen braucht viel Zeit.

Vielmehr können positive Strukturen aus fremden Kulturkreisen in unseren Kulturkreis adaptiert, angepasst und danach integriert werden.

Wie bekomme ich endlich Liebe?

Kaum jemand hat in seiner Kindheit die Liebe erhalten, die er gebraucht hätte, um „kein Schicksal" zu haben. Ist ja auch nicht sinnvoll. Denn aus der fehlenden Liebe unserer Eltern ergibt sich unsere schicksalshafte Lebensaufgabe. Unser Schicksal wird auf dieser fehlenden Liebesgrundlage definiert. Wie kann ich jetzt im Erwachsenenalter diese „Basis-Liebe" der Eltern nachträglich bekommen?

Jeder von uns, auch Sie, haben genau die Liebe bekommen, die Sie zur Verwirklichung Ihres Schicksals brauchen. Der Rest ist Ihre Arbeit, in Ihrem Leben.
Sie können sich in einer Meditation, in Ihrer Vorstellung, mit Hilfe von NLP in Ihre Kindheit zurückversetzen und sich vorstellen, dass Sie beispielsweise durch eine Umarmung Ihrer Mutter und Ihres Vaters die ersehnte und vermisste Liebe bekommen. Hier braucht es am ehesten therapeutische Hilfe. Je größer die Abwehr gegen dieses Gefühl, sich diesen Emotionen hinzugeben, je größer die Liebe und je größer die Chance, wenn sie endlich erlebt wurde. Ihre Defizit-Programme sind in jeder Zelle gespeichert. Programme wie „wenn ich nicht wäre, müssten meine Eltern nicht zusammenbleiben" , „wenn ich nicht wäre, ginge es meinen Eltern besser", „wenn ich nicht wäre, mit allem, was ich meinen Eltern antue, ginge es denen besser", „wenn ich ein besseres Kind wäre, wären meine Eltern glücklich", „wenn ich mein Abitur schaffe, sind meine Eltern glücklich", „wenn ich ins Gefängnis muss, ist es für meine Eltern eine Schande", „wenn ich einen wohlhabenden, sozial gut integrierten

Partner heirate, liebt mich meine Familie", prägen Ihre Auffassung von Ihrer Person und deren Wertigkeit in dieser Welt. Und sie definieren Ihr Schicksal, das, was Sie auf dieser Welt im Laufe Ihres Lebens zu „lernen" haben.

Alle „Wenns" zeigen die mangelnde Liebe der Eltern. Es sind die Programme, die das Schicksal eines Menschen ausmachen; denn wo die Liebe gefehlt hat, dort ist meiner Meinung nach das menschliche Schicksal definiert. Das sieht für jeden Menschen anders aus. Therapeutisch gesehen holen Sie sich im Nachhinein die mangelnde Liebe Ihrer Eltern „ins Herz". Gemeint ist, dass der Patient in ein Kindheitserlebnis zurückgeht und die emotional problematische Situation noch einmal durchlebt. Diese kann mithilfe der Methoden des NLP in eine positive Erfahrung „umgekehrt" werden. Das ist ein sehr schmerzhafter Prozess, aber auch ein sehr wirksamer. Danach fühlen Sie sich „ganz", und die Basis Ihrer Lebenspyramide ist gut fundamentiert vorhanden. Von dieser Plattform aus können Sie sich dann weiter entwickeln. Erst dann gelingt Ihnen eine persönlich adäquate Entwicklung in Ihrem Schicksal, hin zu Freiheit und Glück.

Aber vor diesem schmerzhaften Prozess schrecken die meisten zurück. Eine Patientin mit jeder Menge allergischer Reaktionen, die ihr einen Aufenthalt im Freien und in einer fremden geschlossenen Umgebung nicht erlaubten, kam auf Empfehlung eines Apothekers zu mir in die Praxis. Dieser war nach meiner Therapie von seinen Allergien befreit. Er erkannte den therapeutischen Ansatz der Therapie sofort und machte mit großem Bewusstsein für diese Zusammenhänge seine „Hausarbeiten".
Die erste Reaktion der Patientin war: „Das kann ich gar nicht glauben, dass das auch bei mir wirkt, ich habe schon so viel ausprobiert." Meine Antwort war: „Probieren geht gar nicht. Ich kann nicht probieren zu essen oder zu trinken oder aufzustehen. Ich trinke, esse

oder stehe auf." Als es bei der Patientin in der Therapie zu der Situation kam, den Vater „ins Herz zu holen", warf sie im wahrsten Sinne des Wortes das Handtuch (ich lege immer ein Handtuch auf meine Schulter, an der die Patientin ihre kindlichen Tränen ausweint, wenn sie zu ihrem Vater oder ihrer Mutter geht, um diese „in ihr Herz zu nehmen") und sagte: „Das mit meinem Vater habe ich längst geklärt, dann bleibe ich lieber krank!". Bewusst hatte sie sich für die Krankheit entschieden und ist gegangen. Diesen Satz wiederholte sie gegenüber dem Ehemann im Wartezimmer. Er war sehr enttäuscht; denn er hatte gehofft, seine Frau würde ihn auf seinen Geschäftsreisen endlich begleiten können. Wie schon gesagt, die Therapie lässt Ihnen Ihre Freiheit. Sie können sich dafür oder dagegen entscheiden, den neuen Lebensweg zu gehen.

Viele Menschen entscheiden sich nicht immer bewusst, meist unbewusst, für das Leid, weil sie diesen schmerzhaften und oft als „demütigend" empfundenen Prozess, im Nachhinein die Eltern „ins Herz zu holen", egal wie das Verhältnis zwischen den Kindern und Eltern war, nicht durchmachen wollen. Dabei braucht es nur Demut, um aus der Demütigung herauszukommen.

Wenn es für die Patienten ernst wird, Ihre Eltern „ins Herz zu nehmen", dann kommen meist Sätze wie „mit meinem Vater habe ich alles geregelt", „mit meiner Mutter bin ich im Reinen", „ich habe meinen Eltern alles verziehen", „mein Vater fragt mich jetzt immer um Rat", „wir besprechen alles gemeinsam" und vieles mehr. Besser wäre es für Sie, den Kopf auf die Schulter des Therapeuten zu legen, sich vorzustellen, Sie liegen an der Schulter Ihrer Mutter oder Ihres Vaters und spüren deren Umarmung und weinen Ihre Tränen und die damit verbundenen Lebensschmerzen aus.

Wenn ich dabei den Rücken des Patienten streichle, merke ich bereits, wo die Wirbel verspannt sind. Oft ist es ein Zeichen dafür, dass ein Elternteil geschlagen hat. Wenn die Emotionen des Patienten während der Umarmung nicht gleich „fließen", nicht aufgeben. Das kann ein bisschen dauern. Wichtig ist, „die Schwachstelle" in der emotional gestörten Beziehung zu finden, „Papa, du hast mir gefehlt", „Mama, die Schläge von Papa haben weh getan, ich habe sie für dich ausgehalten", „ich bin doch nur dein kleiner Junge", „ich bin doch nur deine Tochter"...

Hier tun sich die Männer, die sich für die Therapie entschieden haben, leichter. Die Therapie wirkt bei Männern unmittelbar und bedarf keiner Wiederholung. Männer sind autark. Männer sind immer noch Einzelkämpfer und brauchen die einmalige Erkenntnis, aber keine Wiederholungen. Frauen sind „Wiederholer". Aus diesem Grund müssen sie ihre Eltern täglich „ins Herz nehmen", am besten abends, vor dem Einschlafen.

Eine Patientin schrieb:

"Mit den Eltern ist es nicht ganz so leicht - ist ja auch schon länger verhaftet. Ich mache meine Übung mit liebevoll „ins Herz neh-men" - jeden Abend. Es fällt mir nicht schwer, aber ich empfinde es nicht so intensiv im Herzen. Meine Eltern kränkeln beide zurzeit - Vater hat starke Bronchitis, Mutter hat dauernd massive Bluthochdruck-attacken und hustet auch.Ich versuche mich rauszuhalten, habe aber Angst, es könnte ihnen schlecht gehen oder wir könnten sie verlieren. Wie kann ich das loslassen?

Meine Antwort war:

„Zu Ihren Eltern und Ihrer Bemerkung muss ich etwas sagen. Genau das ist der Punkt in der emotionalen Sichtweise, der emotionalen „Beurteilung" Ihrer Eltern. Sie können Ihren Eltern ihre Krankheiten, ihr Schicksal und irgendwann ihren Tod nicht abnehmen. Wenn Sie das meinen und mitleiden oder sich gar entsprechende Krankheiten zulegen, wie geht es Ihnen dann, wie Ihren Eltern? Geht es damit irgendjemand besser? Also diese „mitleidende" Haltung funktioniert nicht. Ihre Eltern haben das Recht, krank zu sein, zu leiden, ihr Leben zu leben, wie sie es wollen und nicht wie Sie meinen, dass es sein müsste. Dafür haben Sie I h r Leben, um darin Ihre eigenen Vorstellung zu verwirklichen. Dafür haben und hatten Sie diese Eltern, die Ihnen mit ihren Vorgaben die eigenen Möglichkeiten in Ihrem Leben erst eröffnen. „Verlieren" können Sie Ihre Eltern nie. Auch wenn diese sich verabschieden. S i e sind Ihre Eltern! Und Sie haben von denen schon alles bekommen, was Sie brauchen. Ihr Leben. Danke!!! Was wollen Sie denn noch mehr? Lassen Sie die beiden in Frieden!

Frauen brauchen Wiederholungen und Anleitungen. Daher glaube ich, dass die systemische Therapie in ihrem Ursprung eine „männliche Therapie" war und nicht die unterschiedlichen Bedürfnisse der Frauen therapeutisch berücksichtigte. Die unterschiedlichen männlichen Strukturen sind uns Frauen bekannt aus vielen formulierten „männlichen" Gebrauchsanweisungen für die Dinge des täglichen Lebens.

Frauen brauchen eine systematische Anleitung!

Sie leben. Das ist alles, was Sie brauchen.

Ich gebe zu, dass dieser Prozess kein einfacher ist. Wenn Sie lieber leben und nicht leiden wollen, dann möchte ich Sie hiermit ermutigen, sich den eigenen Strukturen zu stellen. Am Ende Ihres Lebens fragen Sie sich eher, was habe ich erlebt und nicht, was habe ich gelitten ...

Ihr Schicksal mit seinen gesetzten Programmen lässt sich nicht canceln, aber mit Bewusstsein und Leichtigkeit annehmen und leben. Leider sind die Leute so programmiert, dass sie lieber leiden als leben.

Ich hatte ein Familienmitglied aus einer Familie in meiner Praxis. Eine Familie, bei der nach außen hin alles wunderbar aussieht. Die Eltern und deren Tochter haben ihre Wohnungen im gleichen Haus. Am Wochenende besuchte die Tochter regelmäßig mit ihrer Familie die Eltern im oberen Stockwerk. In dieser Familie passierte eines Tages Folgendes: Der Ehemann dieser Tochter, der schon lange nicht mehr an diesen wöchentlichen Treffen teilnehmen wollte, hatte sich von heute auf morgen für eine andere Frau entschieden. Er verließ sein „Zuhause" sofort. Die Ehefrau konnte die Handlung ihres Partners weder verstehen noch nachvollziehen. Sie wollte sich durch die Wochenendbesuche unbewusst und nachträglich die Liebe ihrer Eltern holen, die sie als Kind nie bekommen hatte. Diese Rechnung ging nicht auf. Sie hatte weder die Liebe von ihren Eltern noch von ihrem Ehemann bekommen.

Die Pflege der eigenen Partnerbeziehung ist für viele deshalb so schwierig, weil sie glauben, sie würden ihrer Familie dadurch untreu, wenn sie es wagen, aus ihrer Familie herauszugehen, hin zu ihrem Partner. Es kostet viel Mut und Schuldgefühle, seinen eigenen Weg zu gehen; denn das Gefühl dabei ist, seine Familie zu verlassen. Daher fühlen Sie sich schuldig.
Es gibt keinen anderen Weg, um an Ihr Glück zu kommen. Sehr häufig werden von den Paaren die anders gearteten Strukturen der Familien des Partners gewertet. Waren Sie und Ihre Familie „besser" und die Familie Ihres Partners „schlechter"? „Bei uns war das nie so, bei euch läuft alles chaotisch. Deine Mutter meint immer, ich muss springen, wenn sie was will. Dein Vater hat auch schon.... Deine Großmutter machte genau..." Dies zeigt die heimliche Treue zu der eigenen Familie und wird vom Partner auch so gewertet und gedeutet. Sie, als Paar, sollten etwas Neues schaffen, etwas Drittes und nicht streiten, wer das bessere Familiensystem hatte.

Meine Eltern brauchen mich!

Eine Patientin hatte keine Zeit mehr für Ihren Partner. Sie pflegte Ihre kranke Mutter über Jahre hinaus. Sie stellte fest, dass sie dadurch ihre Partnerschaft aufs Spiel setzte.

Wie sieht es denn mit Ihrem Privatleben aus, wenn Ihre Eltern pflegebedürftig sind?

Ich glaube nicht, dass Ihre Eltern Sie in die Welt gesetzt haben, damit Sie Ihre „Partnerschaft opfern". Sie müssen für sich entscheiden, wie weit Sie über Kräfte verfügen, um die Eltern zu pflegen. Wenn Sie dabei über Ihre Grenzen gehen und Ihr eigenes Leben aufs Spiel setzen, dann haben sie das Geschenk Ihrer Eltern, die Ihnen Ihr eigenes Leben gegeben haben, missachtet. Sicher haben Sie als Kind eine Verpflichtung zu helfen, wenn sich Ihre Eltern nicht mehr alleine helfen können. Aber solange Ihre Eltern sich gegenseitig helfen können, sollten Sie sich nicht einmischen. Sonst entmündigen sie den Elternteil, der noch helfen kann.

Evt. sind Sie es, der sich die Hilfe von außen holen muss, um dann wiederum einem Elternteil helfen zu können. Ich kann nur hoffen, dass ein solcher Fall nicht in den ersten drei Jahren Ihrer Partnerschaft eintritt, sondern erst, wenn die Partnerschaft gefestigt ist.

Oft glauben die Kinder, sie müssten den Eltern Vorschriften machen oder sich einmischen, obwohl die Eltern noch gut bei Sinnen und Kräften sind. Das erscheint mir, als würde man die Eltern entmündigen, obwohl diese durchaus noch in der Lage sind, sich zu versorgen. Solange die Eltern ihre Angelegenheiten regeln, hat ein Kind, meiner Meinung nach, sich nicht bevormundend einzumischen. Sonst stellen wir die Situation auf den Kopf und machen die Eltern zu Kindern.

Als Mutter und Tochter (Letztere hatte Lungen-TBC) in die Praxis von Pfarrer Kneipp kamen, hatte er damals schon erkannt: „Wenn die Mutter die Tochter ist und die Tochter die Mutter, dann ist alles verkehrt", war sein Ausspruch. Kneipp war immer psychologisch unterwegs in seinen Gesprächen mit seinen Patienten. Ich habe die existierende, recht übersichtliche Kneipp- Literatur daraufhin untersucht und alle gefundenen Beispiele aufgeschrieben. Von meinem Vortrag über die emotionale Arbeit von Kneipp waren die Mitglieder eines Kneipp-Vereins nicht besonders begeistert, obwohl sie mich darum gebeten hatten. Sie haben mich nicht mehr eingeladen, denn nur die Wasseranwendung ist viel leichter und einfacher und unkomplizierter. Aber die Erfolge von Kneipp beruhten auf diesen recht klar formulierten erkannten emotionalen Fehlstrukturen bei seinen Patienten. Und er hatte dabei eine recht direkte und deutliche Sprache. Danach erst kam das Wasser, sozusagen als symbolischer Vollzug.

Bei solchen Mutter-Tochter-Verhältnissen, wie Kneipp sie schilderte, entsteht folgende emotionale Problematik: Erstens: Dem Kind fehlt die Mutter, da es selbst die Mutterrolle übernimmt und die Mutter zur Tochter „degradiert". Zweitens: Das Kind stellt sich mit der eingenommenen Mutterrolle hierarchisch über seine Mutter. Die emotionale Veranlassung für diese verkehrten Strukturen geht von der Mutter aus. Als Kind reagieren Sie wie eine Marionette. Als Kind sind Sie nur Ausführender. Die emotionale Bestimmung für die Reaktion und Krankheit dieser Tochter geht von der Mutter aus. Die emotionalen Bestimmungen, auch in Ihrem Leben treffen immer die Eltern! Als Kind sind Sie nur Ausführende/r, eben eine Marionette an emotional gezogenen Fäden Ihrer Eltern.

Es gibt auch Strukturen, bei denen ein Kind von den Eltern „geopfert" wird. Die Eltern „übergeben" ihren Sohn oder ihre Tochter emotional und/oder auch tatsächlich z.B. einer kinderlosen Tante: „Das ist dein Kind, da du kein eigenes hast." Oder die Tochter übergibt ihren Sohn an die Mutter oder den Vater, die beide gerne einen „Stammhalter" gehabt hätten. Daraus resultieren starke emotionale Belastungen für alle Beteiligten.

Eine Patientin hat zwei Söhne und eine gescheiterte Beziehung. So zwei Jungs, wie die der Patientin, hatten sich deren Eltern immer als eigene Kinder gewünscht. Und so verbrachte die Patientin jede freie Minute mit ihren beiden Kindern bei ihren Eltern. Der Großvater der Jungs hat durchaus Erziehungsfunktionen. Alles wird gemeinsam besprochen. Diese Art Familienleben wurde dem Vater der Kinder nicht gerecht. Er war zu schwach, um sich gegenüber seiner Frau durchzusetzen und sein eigenes Familienleben einzufordern. Er kam eines Tages über Nacht nicht mehr nach Hause! Ab sofort blieb er bei seiner neuen Beziehung.

Hier ist anzumerken, dass keiner der Beteiligten ein „schlechtes" Gewissen hatte.

Jeder ist seiner „inneren, emotionalen" Verpflichtung nachgekommen. Der Großvater hat seine „Kinder", die Großmutter auch. Außerdem ist ihre Tochter ihre „Vertraute", mit der sie alles bespricht. Durch diese Situation hat die Tochter nach wie vor die Gegenwart Ihrer Eltern und bleibt brave Tochter. Sie läuft dem Wurstzipfel der nie empfangenen Liebe durch Ihre Eltern hinterher. Und der vorübergehende Ehemann war „Mittel zum Zweck".

Groß-Mutter und Groß-Vater sind die besseren Mütter und Väter!

Warum fühlen sich viele Kinder bei den Großeltern wohler als bei den Eltern?

Die Großeltern haben nicht die Aufgabe und Verantwortung, Ihre Enkel zu erziehen. Sie können ihre Liebe frei fließen lassen und die Kinder verwöhnen.

Das wäre der optimale Fall. Aber auch hier gibt es „perverse" Strukturen: Die Großmutter nimmt emotional die erste Stelle vor der Mutter der Kinder ihrer Tochter oder ihres Sohnes ein. Die Mutter der Kinder wird, wie auch immer, dadurch abgewertet; denn ihre Mutter, die Großmutter der Kinder, war besser als sie. Den Kindern wird suggeriert: „Eure Mutter muss ja arbeiten, die hat keine Zeit für euch." „Aber ich bin immer für euch da." Das Motto lautet: „Ich bin die bessere Mutter." So wird auf gesellschaftlich legale Weise, subtil, emotional, den Kindern die eigene Mutter aberkannt. Bei Groß-Vätern ist eine solche Konstellation viel seltener.

Das heißt, die Groß-Eltern nehmen einem solchen Enkelkind eine Hälfte seiner Persönlichkeit, seiner emotionalen Entwicklung weg. Jedes Kind ist ja zur Hälfte seine Mutter und zur Hälfte sein Vater. Dieses Kind vermisst so den nicht präsenten Elternteil in seinem Leben, „diese Hälfte seines Lebens". Es lebt nur halb. Damit wird ihm die halbe Lebensberechtigung entzogen. Die Basis der „Pyramide" ist nur zur Hälfte vorhanden. Solche Strukturen sind ganz offen aus Sätzen der Patienten herauszuhören wie: „Ich bin bei meiner Großmutter aufgewachsen." „Wenn meine Oma nicht gewesen wäre!" „Mein Vater hatte nie Zeit, aber mit meinem Großvater konnte ich immer spielen."

Ich hatte einen Patienten, der kaum eine Pyramidenbasis besaß. Seine Großeltern hatten sich immer einen Sohn gewünscht. Seine Mutter war aber logischerweise als Frau und nicht als Mann zur Welt gekommen. Die Enttäuschung in der Familie über die Geburt eines Mädchens war groß. Also hatte sie, „ganz brave Tochter", ihren eigenen Sohn den Großeltern „übergeben". So wurden die Großeltern für den Jungen zu den „besseren" Eltern. Als die Tochter eine neue Beziehung einging, hatten die Großeltern die Situation so fest im Griff, dass der Enkel die Beziehung zur Mutter abbrach. Die Großeltern gaben nach ihrem Tod ihr Vermögen an den Enkel weiter. Dieser ist weder in der Lage, eine Beziehung zu führen noch einem Beruf nachzugehen. Ihm fehlt die Mutter. Außerdem fehlte ihm sein Vater, der selbst adoptiert war und seinen Sohn als Marionette missbrauchte. Kein Elternteil konnte diesem Kind die notwendige Liebe geben. Sowohl den Eltern als auch danach dem Kind fehlte die Pyramidenbasis.

Wenn die Großeltern sich den Enkeln widmen mit dem Bewusstsein, dass ihre Tochter und ihr Sohn sowie deren Partner als Väter und Mütter dieser Kinder die besseren Eltern sind und auch die einzigen, die für die Enkel zuständig sind, dann gibt es diesbezüglich für alle Beteiligten keine familiären Verstrickungen.
Die Variante, dass die Eltern ihr Kind einem anderen Familienmitglied „opfern", gibt es auch. Ich kenne mehrere Fälle, in denen die kinderlose Schwester einer Mutter deren Kind „in Pflege" genommen hat. Heute noch beschweren sich die in der Familie verbliebenen Geschwister, dass die weggegebene Schwester viel mehr zum Anziehen und Spielen hatte. Der Vorwurf trifft das weggegebene Kind doppelt. Es hätte alles hergegeben, um bei den Eltern bleiben zu dürfen.

Ein Patient, dessen Eltern während des Krieges eine kurze Begegnung hatten, kannte weder seinen Vater noch seine Mutter. Die Mutter hatte er einige Male gesehen, den Vater nie. Er wuchs bei einer kinderlosen Tante der Mutter auf und später bei den Großeltern. Mit 16 Jahren verließ er seine Bleibe, um einen Beruf zu erlernen und zu heiraten. Seine Frau entzog sich ihm bald nach der Heirat 15 Jahre lang durch Krankheiten und Aufenthalte in der Psychiatrie. Sie bestimmte bis vor Kurzem noch durch Migräne und Schwächeanfälle den Alltag der Familie. Die gemeinsame Tochter erlebt Situationen mit für sie einschneidenden rechtlichen Folgen: Verkehrsunfälle, Drogen-, Alkoholmissbrauch.

Eltern braucht man nicht! – Nur im Herzen.

Sie fragen sich sicher, wie das geht. Wie so eine „Basisarbeit" in der Therapie aussieht?

Der wichtigste und zugleich schwierigste Schritt in einer Therapie ist, die Eltern des Patienten „in sein Herz zu holen". Von diesem Schritt hängt das weitere Gelingen der Therapie ab. Alle anstehenden Entwicklungen im Leben des Patienten erfolgen auf dieser stabilen und sicheren Basis, die Eltern im Herzen zu haben, besser gesagt im Herzen zu fühlen. Wenn Sie glauben, dass allein die von ihnen abverlangte Vorgehensweise (sich vorzustellen, Sie legen den Kopf an die Schulter Ihrer Mutter und Ihres Vaters) ausreicht, um Ihre Eltern ins Herz zu „bekommen", ist das ein Selbstbetrug. Es geht darum, dass Sie dabei das unendlich schöne Gefühl der Geborgenheit und Sicherheit empfinden, das mit dieser Geste verbunden ist. Sie brauchen nicht einmal das Bild Ihrer Eltern vor Augen zu haben. Es ist denkbar, dass Sie diese gar nicht kennen oder Ihr Vater gar nicht Ihr leiblicher Vater ist. Es geht ausschließlich um das dabei vor-handene Gefühl, die Liebe der beiden Elternteile, zu f ü h l e n.

Die Dankbarkeit des Patienten für das eigene Leben gebührt allein seinen Eltern. Diese zu kritisieren, zu verachten, zu bevormunden, hieße Ihnen nicht die Ehre zu geben für das Geschenk des Lebens, das von ihnen kommt. Mit einer kritischen Haltung gegenüber seinen Eltern verachtet der Patient auch sich selbst, da er seine Eltern „ist". Denken sie an die Chromosomenmischung!
Wenn Sie mit Ihrem Nachbarn Streitereien austragen, binden Sie sich an ihn und beschäftigen sich mit ihm im Negativen. Genau so verhält es sich mit Ihren Eltern, die nicht in Liebe Platz in Ihrem Herzen gefunden haben. Sie beschäftigen sich mit ihnen und das im Negativen. Damit erreichen Sie eine dauerhafte Bindung,

aber keine Freiheit in Liebe für Ihr zukünftiges Leben. Das heißt, Sie kommen von den erlernten und ererbten Emotionen nicht los. Diese sollen aber lediglich Ausgangspunkt für die Gestaltung Ihres Schicksals und Ihrer persönlichen Entwicklung sein.

Die Vorstellung, mit den erlernten Emotionen „etwas zu machen", ist vielen Patienten fremd. Niemand verpflichtet Sie, die erlernten Emotionen in gleicher Weise „einzusetzen", wie Ihre Eltern. Die erlernten Emotionen reichen für die Gestaltung vieler Leben. Aber sie neu „zu würfeln", um eine Entwicklung in Ihrem Leben einzuleiten, wäre für alle Beteiligten, für alle, die Ihnen ihr Erbe durch ihr Leben und ihren Tod hinterlassen haben, ein Segen. Niemand verpflichtet Sie, einen „schwachen" Vater als berufliches Vorbild zu nehmen und eine „herrische" Mutter in Ihren eigenen vier Wänden nachzuleben. Die erlernten Strukturen umzukehren, würde Ihnen Erfolg im Beruf und eine glückliche Zeit als Ehefrau zu Hause schenken.

Das Gefühl, Ihre Eltern im Herzen zu haben, bewirkt in Ihrem Leben Stabilität durch Erdverbundenheit und sorgt für Eigenliebe. Haben Sie dieses Gefühl der Liebe durch die Eltern nachträglich erfahren, so kennen sie Ihren Platz auf dieser Welt und können ihn gegenüber Ihren Mitmenschen einnehmen. Gleichzeitig schaffen Sie es auch gegenüber Ihren Eltern, in Liebe und in Freiheit ein eigenständiges Leben zu führen. Die früheren emotional vermittelten Programme und Abhängigkeiten durch Ihre Eltern verblassen immer mehr. Welche Beziehung zwischen Eltern und Kind bislang bestand, ist nur noch für den Therapeuten und dessen Vorgehensweise wichtig. Für Sie verliert die früher empfundene Realität der Vergangenheit mehr und mehr an Bedeutung, je stärker Sie diese Elternliebe körperlich spüren.

Über meine Gefühle bestimme ich! Na, dann!

Je größer die empfundenen Verletzungen der Patienten durch ihre Eltern waren, umso größer ist die Weigerung der Patienten, diese in ihr Herz zu lassen. Die Entschuldigungen sind zahlreich. Am häufigsten höre ich „Ich kann nicht, ich fühle nichts". Der „schwache Punkt" im emotionalen Bereich des Patienten muss therapeutisch gefunden werden, um ihm den Zugang zur Liebe der Eltern zu ermöglichen. Wer, außer dem Patienten, bestimmt denn darüber, ob er sich diesen Gefühlen stellt oder nicht? Diese Frage ist wohl berechtigt!

Als Beispiel möchte ich einen Fall nennen: Eine Tochter fühlte sich für das Wohlergehen ihrer Mutter verantwortlich, die unter der beruflichen Abwesenheit ihres Mannes litt, dem Vater der Patientin. Die Tochter blieb zu Hause, hatte kaum eigene Freunde, stand ihrer Mutter stets als Gesprächspartnerin zur Verfügung. Diese Tochter kam wegen starker Depressionen in meine Praxis. Therapeutisch gesehen fehlte der Patientin die Mutter, da diese gegenüber der Tochter die Position einer Ehefrau eingenommen hatte. Der Vater empfand die Position der eigenen Tochter, die Ehemannersatz für ihre Mutter war, als „Konkurrenz". Also hatte die Tochter auch keinen Vater.

In einem solchen Fall benenne ich zunächst das konkrete Problem. Die Tochter sitzt als „Kind" vor mir. Ich übernehme emotional die Rolle der Mutter. Dabei sind mir die Gefühle, die Emotionen dieser Mutter zugänglich. Das funktioniert auch mit fremden Personen, die in diese Mutterrolle „schlüpfen". Die Worte der Mutter zur Tochter könnten etwa so lauten: „Du bist nur meine Tochter, sonst nichts. Unsere Ehe regeln wir selbst, dein Vater und ich. Du bist frei. Soweit ich mich dir gegenüber schuldig gemacht habe, bleibt die Schuld für immer bei mir. Du bist frei." Zur Aufwertung des Vaters könnte die Mutter formulieren: „Ich liebe in dir deinen Vater, und du darfst werden wie er, wenn du willst." Damit wird vermieden, dass die Tochter nach dem therapeutischen Prinzip, als Kind in der Familie den Schwächeren zu repräsentieren, wie ihr Vater wird. Oft schütteln die Patienten in der Rolle als Kinder den Kopf, nach den Worten, „du darfst werden, wie er/sie…". Ich will aber nicht werden, wie meine Mutter oder mein Vater, weil… Und genau diese Haltung schafft eine Bindung im Negativen. Denn damit setzt erneut die Bewertung der Eltern ein. Eltern dürfen sein, wie sie sind. Aber die Bewertung heißt, dass ich mich selbst abwerte; denn ich bin meine Eltern. Abgesehen davon haben diese Patienten, die bisher einen Elternteil verachtet hatten, sich gleichzeitig genau wie dieser verhalten. Der Hinweis darauf ist oft sehr hilfreich. Denn wie schwierig es ist, aus der „verachteten" emotionalen Struktur herauszukommen, wissen diese Patienten aus eigener Erfahrung nur zu gut. Und damit können sie dem Elternteil, von dem sie die Struktur übernommen haben, auch nichts mehr vorwerfen…

Da in einer - auch in Ihrer - Familie die Hierarchie eine wichtige Rolle spielt, „regeln" Mutter und Vater in der therapeutischen Formulierung gegenüber der Tochter. Die Beziehung der Eltern kommt vor der zu den Kindern. Darauf ist auch in der Therapie sprachlich zu achten. Das bedeutet, dass die Tochter auch in ihren Worten die Hierarchie achtet und ihren Eltern den ersten Platz einräumt. Die Tochter bleibt passiv, damit die Hierarchie eingehalten wird. Das sollte auch in Gedanken geschehen, nicht nur in Worten.

Dem Vater gegenüber könnte die Tochter ihren Schmerz so formulieren „Papa, du hast mir gefehlt." Dann bekommt auch er „die Ehre" und einen Platz im Herzen der Tochter. Der Vater der Patientin sagt das gleiche wie seine Ehefrau. Damit lösende Tränen fließen, ist es hilfreich, den Kopf des Patienten auf die Schulter zu nehmen und das lang vermisste Gefühl der Geborgenheit durch die Elternteile zu vermitteln. Dieses Gefühl ist es, das vom Patienten mit in das tägliche Leben genommen wird. Verstärkend kann ein

tiefes Ein- und Ausatmen diese Emotion auf der Schulter des Therapeuten begleiten.

Eine Formulierung des Kindes gegenüber seinem Vater, die etwa so
lautet: „Ich verzeihe dir, was du getan hast" oder ähnliche Formulierungen sind falsch. Verzeihen heißt, dass ich mich über jemanden
stelle. Verzeihen passt nicht in die hierarchisch zu beachtende
Struktur einer Therapie, in der der Vater vor dem Kind kommt und
disqualifiziert ihn durch die Aussage seines Kindes.

Vergessen Sie nie, dass Sie haben, was Sie brauchen. Ihr Leben.
Und das auch von Ihrem Vater. Also haben Sie bereits alles, was Sie
brauchen, und mehr Anspruch hat niemand von uns.

„Muss ich denn alles zweimal sagen?"

Ich weiß, wie schön in der Therapie das Gefühl erlebt wird, im
Nachhinein als kleines Mädchen oder kleiner Junge endlich die
Liebe seiner Eltern gefühlt zu haben. Aber besonders bei Frauen ist
es auch schnell wieder verblasst.

Viele Patienten glauben, dieses Gefühl kann nur erreicht werden,
wenn sie sich die eigenen Eltern vorstellen können. Dies ist nicht
so. Entscheidend ist allein das Erleben des Gefühls. An dieses Gefühl sollten sich Frauen tagtäglich erinnern. Am besten vor dem
Einschlafen. Nicht das konkrete Bild oder eine konkret erlebte Situation mit den Eltern ist wichtig. Sie können als Hilfsmittel zum
Erreichen des emotionalen Ziels dienen.

Nur das neu erfahrene Gefühl, die neu erlebte Emotion, an welcher
Schulter auch immer, gehören verinnerlicht. Dazu brauchen Sie
nicht einmal Ihre Eltern zu kennen.

Viele Patienten versuchen mit allen Mitteln den Gefühlsansturm,
der bei der therapeutischen Begegnung mit den Eltern entsteht, zu

umgehen. Besonders Männer haben Vermeidungsstrategien. Wenn sie sich jedoch entschließen, den Schritt zu wagen, ist er anhaltender und emotional gelungener als bei Frauen. Frauen brauchen wie immer die Wiederholung, und das nicht nur zwei Mal, sondern täglich.

Deshalb sollte in der Therapie nicht zu schnell aufgegeben werden, wenn die Gefühle gegenüber den Eltern vom Patienten nicht sofort erlebt werden können.

Jeder fühlt das Gleiche!

Wenn Sie schon einmal an einer Familienaufstellung teilgenommen haben, dann wissen Sie, dass Sie als außenstehende Person auf dem Platz des Patienten dessen Emotionen empfinden. Sie können auch jede andere Rolle, die im Bezug zum Patienten steht, übernehmen. Sie fühlen dann, wie dessen Eltern, Großeltern, Geschwister und wer auch immer durch Sie repräsentiert wird. Das können Sie auch als Therapeut so empfinden. Sie brauchen nur in eine Rolle schlüpfen, als Mutter, Vater, Großeltern des Patienten. Sie bekommen deren Emotionen deutlich zu spüren.

Eine Kommunikation im emotionalen Bereich ist zunächst nonverbal.

Der Mensch ist umgeben von Energiefeldern, die sich fließend verändern können, je nachdem, wie die geistigen, seelischen und körperlichen Haltungen eines Menschen sind. Ein Körper kann um sich herum ein Feld aufbauen, das im Raum als Erregung gemessen werden kann. Solche messbaren Felder scheinen überall zu existieren. Das kann jeder fühlen, wenn er will. Persönlich spüren wir, ob jemand gut oder schlecht „schwingt".

Dabei gibt es zwischen allen Menschen Interaktionen. Ich stelle mir vor, dass ein Raum durchzogen ist von Fäden, von rechts nach links, von oben nach unten, von vorne nach hinten. Eben ein dreidimensionales Netzwerk. Dort, wo sich die Fäden treffen, entstehen Knüpfpunkte, Kontaktstellen. Je näher Sie an einem Knüpfpunkt sind, desto mehr haben Sie Kontakt zu den am nächsten liegenden Knüpfpunkten über die dorthin führenden Fäden. Aber mit allen Punkten sind Sie verbunden, ob Sie wollen oder nicht.

So erscheinen Emotionen und Erfahrungen, in der ganzen Welt, miteinander verbunden zu sein. Die einen Fäden führen von Gegenwart zur Vergangenheit und umgekehrt, die anderen von der Erde aus zu größeren Räumen, und die dritten von Mensch zu Mensch.

Die Frage ist, wo ich „andocke", um mir eine solche Erfahrung abzurufen. Verfügbar sind alle jemals gemachten Erfahrungen. Sicher sind die oben erwähnten Knüpfungen meiner Umgebung mir näher als die in Afrika. Außer ich hätte eine konkrete Verknüpfung dorthin, weil mein Großvater im Krieg in Afrika war und/oder mit einer Afrikanerin ein Kind zeugte. Oder mein Vater oder Großvater kämpfte im Russlandfeldzug. Diese Verknüpfungen sind dann auch meine. Sie sind mir sehr nah!

Vor einigen Jahren besichtigte ich mit meinem Mann ein Haus mit Pool, das zum Verkauf angeboten war. Es war relativ preiswert und die Aussicht auf ein Schwimmbad verlockend. Vor dem Pool konnte ich nicht stehen bleiben. Meine Bemerkung gegenüber dem Makler war etwa so: „Das ist ja entsetzlich. Das zieht mich runter, und da unten ist der Tod." Mir blieb regelrecht die Luft weg. Einige Tage später erzählte ich einer Bekannten, die zwei Straßen vom Verkaufsobjekt entfernt wohnte, das Erlebte. Sie erklärte mir, dass die vormalige Eigentümerin in ihrem Pool ertrunken war. Mein Gefühl war eher, dass sie „ertrunken wurde".

Ein russischer Patient, mit einem sehr beeindruckenden Schicksal, klagte über seinen drogenabhängigen Sohn und ließ seine Familie aufstellen. Nach einigen Wochen war der Sohn clean und ging einer regelmäßigen Arbeit nach. Die therapeutische Wirkung blieb nicht nur auf den Vater begrenzt, sondern erfasste auch weitere Familienmitglieder, die nicht an der Aufstellung teilgenommen hatten. Eine veränderte Emotion zieht weite Kreise in einer Familie, und die Schwingungen und Knüpfpunkte verändern sich.

Selbstbetrug ist alles, das ganze Leben

Wie merken Sie denn, ob Sie Ihre Eltern im Herzen haben?

Es ist ein Gefühl von tiefer Geborgenheit und Angenommensein, eben geliebt zu sein: „Ich bin geliebt, so wie ich bin", ist die unzweifelhafte Gewissheit. Ist dieses Ziel nicht erreicht, wird es unter Umständen über gewisse verbale Äußerungen, die über die Eltern gemacht werden, festzustellen sein. Wenn ich über meine Eltern spreche in der Weise, dass ich sie kritisiere, Partei ergreife für Vater oder Mutter, es besser weiß, Ratschläge gebe, sie bevormunde, dann mache ich mich besser als die Eltern: Ich stelle mich über sie. Immer dann existiert eine Bindung im Negativen. Das ist keine Liebe, und hier fehlt die Basis der Pyramide. Stellen Sie sich vor, Sie ergreifen Partei für Ihre Mutter, weil sie Ihnen vorjammert, dass sich Ihr Vater immer am Stammtisch „rumtreibt", ihr zu wenig Aufmerksamkeit schenkt, nicht mit ihr nach Griechenland fährt, sondern an die Nordsee. Zeigen Sie Verständnis für Ihre Mutter, dann greifen Sie in die Beziehung Ihrer Eltern ein. Das heißt, Sie ergreifen Partei für Ihre Mutter und sind damit gegen Ihren Vater. Damit haben Sie Ihren Vater nicht im Herzen, und für Ihre Mutter agieren Sie als Ehemannersatz; denn das, was Ihre Mutter zu Ihnen sagt, gehört in ein Gespräch zwischen den beiden Elternteilen. Sie als Tochter können das Beziehungsproblem für Ihre Eltern nicht lösen. Als Kind geht Sie die Beziehung ihrer Eltern nichts an!

Ich habe eine Patientin, die wurde in ihrer Kindheit täglich geprügelt. Sie prügelt sich heute selbst. Wo immer sie ist, wiederholt sie permanent, wie sie die Situation beurteilt und fühlen will. „Ich freue mich, und so ist es, egal, was die anderen sagen. Ich kann mich freuen, wann ich will. Und so ist es. Ich freue mich jeden Tag!" Das wiederholt sie mit sehr lauter schneidender Stimme zum x-ten Mal. Der rechte Fuß „stampft" dabei im Takt auf dem Boden auf. Je öfter sie es sagt, um so weniger ist es glaubwürdig. Mit der gleichen penetranten Art behandelt sie ihren Ehemann und ihre Tochter.

Das Gefühl, wenn man die Eltern im Herzen hat, gibt einem Stabilität im täglichen Leben und Freiheit von Ängsten. Die Gewissheit ist vorhanden, dass alle Herausforderungen gemeistert werden können. Ich glaube, das herausragende Resultat, wenn die Eltern im Herzen sind, ist die Angstfreiheit.

Wenn die Pyramide wankt

Wie schon erwähnt: Blieb den Kindern in bestimmten Bereichen ihrer Erziehung die Liebe teilweise oder ganz versagt, schauen sie für den Rest ihres Lebens nach Bestätigungen für ihre Entscheidungen und ihr Verhalten. Das kann durchaus ein beruflicher Erfolg sein, der den empfundenen Mangel an Liebe kompensiert. Das findet man sehr häufig.
Aber auch andere Strukturen sind denkbar. Diese Kinder trauen sich selbst nichts zu. Sie holen Meinungen bei Freunden, Nachbarn, bei ihren Ehepartnern ein. Sie schwanken wie ein Fähnchen im Wind. Zwingen sie sich endlich zu einem Schritt, so wird das Ergebnis ihrer Vorahnung prompt bestätigt: Es geht schief. Verantwortung hierfür lehnen sie ab; denn der Rat kam ja von der Freundin. Die hatte

Unrecht! Letztendlich können sie noch so viele gut gemeinte Ratschläge einholen, am Ende entscheiden Sie – ganz allein.

Wie viele Menschen kennen Sie, die auf diese Weise reagieren? Diese Menschen sind nicht geliebt, nicht frei, fühlen sich nicht wohl in ihrer Haut. Sie leben in der ständigen Angst, für die eigenen Handlungen zur Verantwortung gezogen zu werden. Bei Politikern, die in der Öffentlichkeit stehen, ist dies besonders deutlich zu erkennen. Vorsichtshalber wird gegen andere intrigiert, geschimpft. Dies lenkt ab – von der eigenen Person und deren Unzulänglichkeiten. Diese Menschen zeigen im Vordergrund ein aggressives Potenzial.

Eine weitere Folge von mangelnder Liebe beim Aufwachsen führt zur Angst vor dem Neid der Mitmenschen. Um ihr zu entgehen, macht man sich kleiner, als man ist. Am besten erzählt man von den eigenen Missgeschicken, vom eigenen Unglück, von der eigenen Krankheit. Dann geht es einem zuhörenden Nachbarn gleich viel besser. Führt man eine „schlechte" Partnerschaft, ist man darin unglücklich, wird gedemütigt, streitet, wird körperlich, geistig und seelisch misshandelt, relativiert sich die der anderen hin zum Besseren. Glücklich zu sein ist nicht erlaubt.

Ist das eigene Auto bescheiden, relativiert sich das des Freundes. Ist der eigene teure Urlaub ein einziges Fiasko, relativiert sich das für die Daheimgebliebenen. So bleibt man klein und bescheiden. Es scheint, dass Familie und Gesellschaft das Leid pflegen.

Ich hatte Ihnen von dem Paar erzählt, dessen zugelaufene Katze trotz großen Bemühens verstarb. Das Paar, dessen Beziehung durch kindlich strukturierte Verletzungen geprägt war, empfand im gemeinsamen Leid eine vorher nie erreichte Einheit.

Ein paar Monate später erhielt ich eine Weihnachtskarte, in der mir das Paar mitteilte, dass es wieder eine Katze habe, die eine Bereicherung für beide sei. Ich solle unbedingt kommen und sie mir anschauen.

Ich halte es für besser, die Partner streicheln sich gegenseitig. Ich glaube, ich habe eine Katzenallergie…

Um es noch einmal zu erwähnen: Ihr empfundener Liebesentzug während Ihres Aufwachsens kann sich sehr unterschiedlich auswirken:

Sind Sie bescheiden und zurückhaltend, dann stimmt sie der erlittene Liebesentzug traurig. Sie sind depressiv. Der erlebte Liebesentzug ermutigt Sie nicht gerade zu eigenen Handlungen. Eigene Schritte trauen Sie sich nicht zu! Wenn Sie Schiffbruch erleiden, geben Sie den anderen die Schuld. Sie bestrafen sich dafür selbst durch mangelnde Eigenliebe. Sie hassen alle und sich selbst dafür, dass die Dinge schiefgehen. Erlösen Sie sich: Lieben Sie sich so, wie Sie sind! Alle Ihre Stärken und Schwächen sind gerade für Ihr Schicksal notwendig und lebensentscheidend. Solange Sie Ihre „Schwächen" und „Misserfolge" ablehnen, halten Sie am stärksten daran fest.

Es liegt mir fern, Kritik an Eltern zu üben! Sie geben das weiter, was sie selbst als gültig erfahren haben. Sie sind verwickelt in übernommene Gefühle. Daher finden wir auch ähnliche Familienstrukturen und Schicksale, über Generationen hinweg. Auch in einem angeheirateten Partner. Auch mit ähnlichen Erkrankungen.

Solange Sie den Eltern Schuld an Ihrem Verhalten zuweisen, bleiben Sie allen Problemen negativ verhaftet. Je mehr Sie Ihre Eltern ablehnen, („hätten sie mich besser behandelt, mich nicht geschlagen, nicht gequält, nicht abgeschoben"), umso stärker manifestieren Sie die negative Bindung zu ihnen. Auch Verbrecher, Huren, Süchtige werden Eltern! Niemand ist weniger Eltern, nur weil ihn die Gesellschaft aburteilt. Wir bekommen und haben die Eltern, die wir für unsere Entwicklung brauchen!

Die größte Angst ist die vor dem Glück.

Warum wehren wir Menschen uns nur so verzweifelt gegen das Glück?

Weil man im Glück allein bleibt. Die Schritte rein ins Glück und raus aus dem Leid gehen zunächst gegen die Familie oder die Gesellschaft und deren Regeln. Die Gesellschaft akzeptiert uns besonders im Leid. Doch was erreichen Sie mit der Akzeptanz Ihres Leides in der Gesellschaft? Sie machen sich damit klein, ordnen sich unter, „sozialisieren" sich. Damit halten Sie einen Teil des „Leids der Welt" aufrecht. Sie verbreiten negative Gedanken. Und die sind bekanntlich Energie. Was macht Ihr Gesprächspartner damit? Er be-mit-leidet Sie. Mit-leid halte ich für überheblich. Überheblich, weil jemand das Schicksal des anderen mit erleiden will (was unmöglich ist, anmaßend) und ihm nicht den Respekt im Erleben seines eigenen Schicksals erweist.

Ein Gespräch über Krankheiten und negative Ereignisse verdoppelt für Erzähler und Zuhörer die negativen Gedanken, verdoppelt das Leid und die Krankheit. Mit wiederholten Erzählungen wird das Problem festgehalten. Ich habe eine liebe Bekannte, die ab und zu am Morgen zu einem kurzen Besuch im Büro vorbeischaut. Jedes Mal erzählt sie die Krankheitsgeschichten Ihrer zahlreichen Tiere. Tiere sind das schwächste Glied in der Familienhierarchie und reagieren zuerst auf emotionale Fehlstrukturierungen der Menschen. Jedes Mal gab ich die gleiche Antwort, dass es die Familienmitglieder regeln müssten, damit die Tiere gesund bleiben. Jedes Mal bekam ich Argumente dafür, dass dies nicht möglich sei. Ja dann... Inzwischen hat sich das Paar getrennt, und die Frau hat die Tiere mitgenommen. Das Erste, was sie mir berichtete, war, dass alle Tiere gesund und fröhlich auf einer Weide versammelt sind. Bisher war kein Tier mehr krank.

Die schlimmste Form des Leids ist Selbstmitleid. Es ist äußerst destruktiv. Meist halten diese Menschen am Leid unter allen Umständen fest. Selbstmitleid produziert mehr und mehr Leid. Oft haben wir es schon früh erlernt oder übernommen. Vielleicht ist das auch der Grund, warum wir uns an die schlechte Jugend, den prügelnden Vater, die Mutter, die uns abtreiben wollte, so gerne erinnern? Aber die Energie, die Sie investieren, um im Leid zu bleiben, ist größer als die, die Sie brauchen, um glücklich zu sein. Nur die Verteilung des Gefühls ist anders, einmal im „+" und einmal im „–"!

Hier ein Beispiel!

Die Mutter einer Patientin hatte alle vier Wochen Migräne, lag drei Tage im Bett und litt. An diesen Tagen ihrer Kindheit hatte die Patientin ebenfalls keine Freude. Es widerstrebte ihr, es sich während der drei Tage, in der ihre Mutter litt, gut gehen zu lassen. Das empfand sie als Verrat an ihrer Mutter. Später hatte die Patientin, inzwischen erwachsen, ebenfalls Migräne. Sie bekam durch ihre Krankheit die Anerkennung und Akzeptanz ihrer Mutter. Sie gehörte damit eng zur Familie und deren Strukturen und blieb ihr im Leid treu verbunden.

Ich fühle mich wie das fünfte Rad am Wagen.

Es gibt noch weitere Beispiele, die auf solche Gefühls- und Schuldübernahmen hinweisen:

Sie fühlen sich als Belastung der Eltern: „Wir müssen nach Hause, egal, wie es uns hier gefällt, das Kind muss ins Bett!" Sie fühlen sich unerwünscht und schuldig: „Wir haben geheiratet, weil du unterwegs warst."

Sie fühlen sich als fünftes Rad am Wagen: „Wir wären schon längst wieder zu Hause, wenn du nicht so langsam laufen würdest!" Oder:

„Wenn es dich nicht gäbe, wäre ich schon längst auf und davon", sagten oder fühlten Ihr Vater und Ihre Mutter.

Oder die Eltern streiten, lassen sich scheiden: Das Kind fühlt sich schuldig, tut alles, um die Eltern zufriedenzustellen.

Kommt es im späteren Leben zu Gefühlen, die Anlass sind, sich so zu fühlen, wie damals, so „kocht" das alte Gefühl wieder auf. Es bestimmt unsere heutige Realität. Wenn Sie ein solches Gefühl ändern wollen, können Sie Ihren Verstand bemühen, so viel Sie wollen. Sie kommen davon nicht los. Ihr Gefühl über die zurückliegenden Situationen muss geändert werden, um Sie davon zu befreien. Nur so können die alten übernommenen Gefühle, die zu Angst, Phobien, Unterwürfigkeit, Depression, Ersatzbefriedigung, Aggressivität führen, beseitigt werden. Ihre Schuldübernahme ist dann gelöst.

Und hier setzt die ausgebaute Familientherapie an, die innerhalb kurzer Zeit die Ablösung von den alten Gefühlen bringt. Sie arbeitet nicht - wie die üblichen Therapien - mit jahrelangem Erörtern der Probleme. Sie arbeitet lösungsorientiert, verbal, emotional und bildhaft. Die neue Aufstellungsordnung der Familienmitglieder entspricht der Ordnung, in der alle ihren passenden, angemessenen Platz haben. Ein Aufstellungsbild, das nur das Problem zeigt, ist für alle Patienten schädlich, verstärkt Ihr Problem und zieht Sie wie ein Wasserstrudel emotional nach unten. Denn die aufgezeigten alten Probleme und die dazugehörigen Gefühle, die sich aus der Aufstellung eines Problems Ihrer Vorfahren ergeben, gehören zu Ihren Eltern und Vorfahren und in deren Beziehungen. Nicht zu Ihnen! Männliche Patienten können mit einem Aufstellungsbild, das nur das Problem spiegelt, leichter umgehen, da Männer meist gelernt haben, ihre Probleme selbst zu lösen.

Viele, besonders weibliche Patienten, die von solchen Problemaufstellungen kamen, waren „am Ende ihrer Kräfte", wie sie sagten. „Ich weiß überhaupt nichts mehr, was soll ich denn jetzt machen?", „mir geht es schlechter als zuvor", „ich denke dauernd an meinen Großvater, der sich umgebracht hat", waren die Formulierungen.

Zudem bin ich der Meinung, dass sich ähnlich gelagerte Gefühle und Emotionen in einem Familiensystem „wiederholen". Dem Patienten nur eine Emotion herauszugreifen und aufzuzeigen, bringt lediglich eine „Verlagerung" auf ein anderes Familienmitglied. Die Emotion ist im System immer noch vorhanden und kann abgerufen werden. Also haben Sie so keine endgültige Lösung und Klärung Ihrer belastenden Emotionen. Erst, wenn im System bei allen Mitgliedern die entsprechenden Strukturen aufgezeigt wurden, haben Sie die Möglichkeit, sich davon zu befreien.

Für Frauen ist es gänzlich ungeeignet, nur das Problem zu sehen. Sie bleiben meist tief in der Problematik stecken und arbeiten nicht selbstständig an einer Lösung.

Dennoch meine ich, sollte das optimale Lösungsbild, an dem alle Familienmitglieder ihren vorgesehenen Platz haben, Männern u n d Frauen mitgegeben werden. Dieses Aufstellungsbild zeichnen sich die Patienten auf ein Blatt Papier und verinnerlichen es. Das tägliche Anschauen verstärkt besonders bei Frauen die emotionale Lösung. In emotionalen Situationen, die Sie an Ihre alten Muster erinnern, ist das Lösungsbild der erste Rettungsanker, um aus der alten Emotion wieder auszusteigen.

Nicht jeder, der diese Zeilen jetzt liest, sieht eine Notwendigkeit, sich seinen Emotionen in der Familientherapie zu stellen. Meist empfinden Sie Handlungsbedarf in schwierigen, menschlichen Situationen, wenn der innere seelische Druck zu stark wird. Oft ist eine Krankheit der Auslöser.

Dennoch meine ich, könnten diese Zeilen für Sie inhaltliche Anregungen enthalten, Ihr Leben zu überdenken und die eine oder andere gedankliche Perspektive für eine positive Lebensgestaltung enthalten.

Nicht jeder von Ihnen, der eine Familientherapie gemacht hat, setzt diese im täglichen Leben um. Ich gebe zu, dass manche Patienten die Zusammenhänge nicht sehen wollen oder können. Ich gebe zu, dass der Patient seinen „Hausschlüssel" nach einer Therapie wieder ins alte Schloss steckt, wenn er nach Hause kommt.

Es ist nicht leicht, eine therapeutisch veränderte Emotion auch dann noch aufrechtzuerhalten. Die alte Wohnung, die gleichen sozialen Gewohnheiten, die vorherigen Freunde, Ehefrau und Kinder sind nach wie vor vorhanden. Es ist wie mit einem Zimmer, das sie sehen. Dem einen ist der Teppich zu hell, dem anderen die Möbel zu dunkel, dem dritten das Bild zu abstrakt, dem anderen passt der Computer nicht farblich zur Maus usw. Aber das Zimmer bleibt gleich. Also dreht sich alles, um Ihre veränderten Emotionen und Gefühle, um eine neue Sicht auf Ihr Leben zu bekommen.

Und nun konkret

Wie gehe ich vor, wenn jemand zu mir in die Praxis kommt?

Zunächst schaue ich gemeinsam mit dem Hilfe suchenden Patienten im Einzelgespräch die übergreifenden Zusammenhänge an, die sein Leben bestimmen. Das nennt man Aufstellung. Hier zeigen sich Dynamiken, die sich im täglichen Leben permanent auswirken. Alle gelebten und erfahrenen Emotionen, die der Patient empfindet, kommen aus seinem Familiensystem. Wenn ich sie dort gefunden habe, lassen sie sich den entsprechenden verstorbenen Familienmitgliedern zuordnen. Erkennt der Patient diese Zusammenhänge zum ersten Mal, so ist es ihm zunächst nicht länger möglich, sich in das Leben der Vorfahren emotional „einzumischen". Er gibt sozusagen die Emotionen dorthin zurück, wo sie hingehören. Diese emotionalen Zusammenhänge sind für die Betroffenen meist nicht zu erkennen, besonders wenn sie weit in die Vergangenheit zurückreichen. Selbst wenn sie Ihnen bekannt sind, so sind sie durch die betroffenen Patienten nicht zuzuordnen. Sind sie aber zugeordnet, so sind sie noch lange nicht gelöst. Dazu bedarf es der Arbeit auf der emotionalen Ebene.

Der Patient berichtet zwar von seinen eigenen Schwierigkeiten im täglichen Leben, er erzählt oft auch die Lebensgeschichte seiner Vorfahren, er ist aber selten in der Lage, daraus eine Verknüpfung zu seinem eigenen Schicksal herzustellen.

Die Eltern sind bei einer Aufstellung diejenigen, die die Stabilität des Patienten sicherstellen. Selbst wenn bei den Vorfahren das Schicksal zugeschlagen hat und der Patient dies unbewusst oder bewusst erlebt, entsteht aus der Liebe der Eltern die Kraft, ein solches Schicksal zu bewältigen. Wenn aber der emotionale Regler beim Schicksal der Vorfahren hochgefahren ist und bei der Liebe der Eltern runtergefahren ist, dann ist es für den Patienten schwer, die therapeutisch angebotene Lösung zu realisieren. Denn die Kraft zu einer solchen Lösung schöpft er aus der gefühlten Liebe durch seine Eltern.

Es ist auch wichtig, dass alle vom Patienten erwähnten Emotionen, Beschwerden und Krankheiten am Ende der Therapie den Vorfahren zugeordnet sind und emotional aufgelöst wurden.

Entscheidend ist es, ein „sauberes" Lösungsbild mitzugeben, nicht eines, das noch die Probleme spiegelt. Das entspräche den früher geführten langen Gesprächstherapien, in denen nur die Probleme behandelt wurden. In dem von mir vermittelten Lösungsbild steht die Familie so, wie es im besten Fall hätte sein sollen.

Gehen Sie einfach vier Schritte!

Ein Patient erzählte mir: Ich war in meiner Heilungsphase zu einigen Aufstellungen bei Therapeuten. Die Erkenntnisse waren hilfreich. Nur zu Hause konnte ich den Alltag nur schwerlich leben.

Hier unterscheidet sich meine Therapieform mit den vier Lösungs-schritten im Wesentlichen von anderen.

1. Während der Therapie holt sich der Patient die vermisste Liebe seines Vaters und seiner Mutter ab, egal, was vorher war, egal, wel-che Vorwürfe er seinen Eltern zuvor machte. Dies ist ein wesent-licher Schritt, der im Alltag wiederholt wird. Ohne die Liebe der ei-genen Eltern empfunden zu haben, kann ein Schicksal nicht richtig angepackt und bewältigt werden. Es kommt sonst zu emotionalen Wiederholungen. Eine Abkehr von verhängnisvollen „Traditionen", über Generationen gepflegt, gibt es dann nicht.

Am besten stellt sich der Patient am Abend, vor dem Einschlafen vor, dass er als kleines Mädchen oder kleiner Junge seinen Kopf in den Schoß oder an die Schultern seiner Eltern legt. Er spürt das lang ersehnte Gefühl des Geborgenseins, sonst nichts. Kinder, die geschlagen oder missbraucht wurden, gehen so nahe zu ihren El-tern, dass diese nicht mehr schlagen oder missbrauchen können. Ihre Haltung in diesem Moment ist tiefe Demut, Sie fühlen Dank-barkeit für Ihr Leben. Denn das haben sie bekommen, und mehr Anspruch haben sie nicht. Nicht den Anspruch, dass ihre Eltern sich so oder so hätten verhalten sollen, dies oder jenes nicht hätten tun dürfen.

Sie können sich auch vorstellen, dass Sie Ihre Lebensberechtigung, alle guten Gefühle und die empfangene Liebe Ihrer Eltern in ein Schatzkästchen packen. Nur Sie besitzen den Schlüssel dazu. Nie-mand kann Ihnen diesen Schatz jemals wieder nehmen.

Und bei Bedarf können Sie Ihr Schatzkästchen öffnen und all die Liebe entnehmen, die Sie gerade brauchen.

2. Wenn im täglichen Leben, im Alltag, negative Gefühle aufkom-men, egal wie schwach oder stark sie sich zeigen, erspürt der Patient aus seinen Emotionen, die er von der Aufstellung oder Therapie her kennt, von wem er die negative Haltung übernommen hat und

gibt sie gedanklich zurück. Meist gehören die negativ empfundenen Emotionen, Haltungen, Meinungen oder Gefühle zu Vater oder Mutter oder anteilig an beide. (Falls in der Therapie die Eltern gegenüber ihrem Kind erklären, das Schicksal Ihrer Vorfahren übernähmen sie als Mutter und Vater, und somit sei der Patient, ihr Kind, frei. Jetzt reicht die alleinige Rückgabe an die Eltern.)

3. Danach überschreiben Sie Ihre Software im Gehirn neu: mit dem Blick nach oben und einem positiven, neuen Gedanken. Als Beispiel: Mama, Papa, Oma, Opa, das ist Deine Auffassung von dieser oder jener Situation. Du darfst sie behalten. Ich mache mir jetzt meine eigene Meinung. Ich liebe mich so wie ich bin, ich bin frei.

4. Das Lösungsbild der eigenen Familie. Nach jeder Therapie bekommt jedes Familienmitglied „seinen" Platz in einem festen Aufstellungsbild der eigenen Familie.
Für das Zusammentreffen bei Familienfesten oder Telefongesprächen mit Angehörigen holen Sie sich das Aufstellungsbild vor Ihr inneres Auge und belassen die Familienmitglieder an dem ihnen zugehörigen Platz. So kommen Sie erst gar nicht in alte Verstrickungen und alte Gefühle.

Das sind die vier Schritte für die tägliche Arbeit auf dem Weg zum Glück.

Ich fasse zusammen!

Ich wiederhole zusammenfassend diese vier Schritte:

1. Stellen Sie sich vor, Sie sind wieder ein kleines Kind und empfinden in tiefer Demut die Liebe Ihrer Eltern und geben ihnen die Ehre. Sie fühlen die Dankbarkeit für Ihr Leben, egal was vorher war. Frauen machen diese Übung täglich, am besten vor dem Schlafengehen. Sie tragen Ihr Schatzkästchen mit der Liebe Ihrer Eltern immer bei sich.

2. Wann immer Sie im Alltag emotional negativ empfinden, also in irgendeiner Form sich emotional negativ fühlen, geben Sie dieses Gefühl an Ihre Eltern (oder Vorfahren) zurück. Sie erspüren kurz Ihre Gefühle, wem Sie diese zuordnen können, Ihrem Vater oder Ihrer Mutter (oder Vorfahren). Dann geben Sie diese in Gedanken an den Elternteil zurück, von dem Sie diese übernommen haben… oder an beide …

3. … mit einem Blick nach oben an die Decke. Mit einem entsprechenden positiven Satz überschreiben Sie Ihre Festplatte im Gehirn mit neuer Software. So wandeln Sie alle erlernten negativen Programme und Gedanken nach und nach um. Sie sind dann frei, sich selbst zu „erfinden".

4. Ihr optimales Aufstellungsbild mit den Positionen der einzelnen Familienmitglieder sollten Sie verinnerlichen. Bei Telefongesprächen oder bei Familienfesten holen Sie sich genau dieses Bild vor Ihr inneres Auge und belassen die Familienmitglieder genau an dem für sie vorgesehenen, richtigen Platz. So kommen Sie nicht in Versuchung, in alte Emotionen zurückzufallen.

Noch kürzer formuliert:

1. Bei den Eltern in tiefer Demut Liebe abholen und ihnen die Ehre geben, Schatzkästchen mit sich führen.
2. Negative Gefühle an die Eltern (Vorfahren) zurückgeben.
3. Blick nach oben, Festplatte im Gehirn überschreiben.
4. Alle Personen im Aufstellungsbild an ihrem Platz halten.

Nicht schummeln!

Ich habe festgestellt, dass die Patienten am meisten „bei der Liebe der Eltern" geschummelt haben. Da waren die größte Oberflächlichkeit und der meiste Selbstbetrug. Die Wahrheit ist dabei nicht immer ganz leicht. Aber die Wiederholung hilft. Bei einem Kontrollgespräch erkenne ich bereits bei den ersten Sätzen, ob es gelungen ist oder nicht. Zudem sind es fließende Entwicklungen, die der Patient nach der Therapie macht. Die Lösungen kommen nicht von heute auf morgen. Es ist eine Arbeit für jeden Tag, bis ans Ende aller Tage....

Viele Patienten haben berichtet, in früheren Therapien mit Aufstellungen nie ein Lösungsbild mitbekommen zu haben. Immer wurde Ihnen ausschließlich das Problem in einer Aufstellung vor Augen geführt. Im anschließenden Alltag war es damit stets präsent. „Das war grausam", so eine Aussage. Was Sie denken, bekommen Sie als Realität des Alltags, und Sie haben Ihr Problem bei dieser alten, problembetonten Therapieart erneut bekommen.

Da Männer schon immer lösungsorientiert waren, können sie mit einer solchen Therapie, die nur das Problem zeigt, umgehen. Sie sind aufgrund ihrer Persönlichkeitsstruktur in der Lage, aus einem Aufstellungsbild, das nur das Problem aufzeigt, konsequent und aus eigener Initiative die Lösung zu entwickeln. Diese Art der Therapie ist genau auf Männer zugeschnitten.

Frauen brauchen Wiederholungen und arbeiten im Allgemeinen nicht von alleine lösungsorientiert. Damit bleiben sie bei dieser Art Therapie im Problem regelrecht stecken. Für Frauen ist eine permanente Wiederholung von konkreten Lösungen, die am Ende aufgezeigt werden müssen, überlebensnotwendig. Und Männern schadet es nicht, wenn sie eine Lösung mitbekommen.

Wo gibt's eine neue Software?

Frauen brauchen die ständige Wiederholung ihrer neuen „Software". Aber sind sie von Natur aus nicht bereitwilliger als Männer, sich ihrer Persönlichkeitsentwicklung zu stellen?

Wenn es um die eigene Persönlichkeitsentwicklung bei Frauen geht, ohne den Partner mit einzubeziehen, würde ich dies bejahen. Die Persönlichkeitsentwicklung einer Frau im Rahmen einer Partnerschaft ist schwierig. Durch die Wiederholung ihrer neuen „Software" belastet sie ihre Partnerschaft. Das permanente Wiederholen der Strukturen und die Diskussionen darüber sind eher eine weibliche Art, den Dingen auf den Grund zu gehen, sie zu bearbeiten, ja sogar zu verarbeiten. Nicht so bei den meisten Männern. Ihnen reicht die einmalige Erkenntnis, die gewonnene Einsicht in vergangene Strukturen und gegenwärtige und zukünftige Entwicklungen. Damit können sie ihre Lösung alleine finden und vor allen Dingen auch alleine umsetzen. Unterschiedlicher könnten die Bearbeitungsmodalitäten der beiden Geschlechter nicht sein. Je mehr die Frau an sich arbeitet, umso intensiver wird sie über die Dinge reflektieren und darüber sprechen wollen. Dies zeigt eine gewisse Bedürftigkeit. Männer können diese Bedürftigkeit einmal oder mehrmals befriedigen und als Gesprächspartner zur Verfügung stehen, aber nicht dauerhaft. Das entspricht nicht der männlichen Art, die Dinge zu verarbeiten. Frauen fühlen sich von ihrem Partner ausgestoßen, wenn dieser n i c h t über seine Probleme und deren Verarbeitung spricht.
Die Partner müssen hier eine gemeinsame Lösung finden, in dem Bewusstsein der unterschiedlichen Strukturen, die sie haben. So könnte der Mann ein bisschen öfter zuhören, und die Frau verzichtet auf einen Teil des mehrfachen Wiederholens.

Wenn mein Mann, meine Eltern nicht dies oder das getan, gesagt hätten,... dann ginge es mir jetzt gut.

Reicht es, wenn einer aus der Familie sich den eigenen Strukturen und denen des Familiensystems stellt? Und wie wirkt sich das auf die anderen Familienmitglieder aus?

Jede Veränderung in der emotionalen Positionierung hat Auswirkungen auf alle Beteiligten.
Aber, wenn man etwas erreichen will, muss man selbst die notwendigen Schritte in eigener Verantwortung tun. Mit der Haltung, wenn mein Vater nicht, wenn meine Mutter nicht, wenn mein Mann nicht...wenn, wenn, schiebt man die Verantwortung anderen zu und entmündigt sich selbst.
Gerade das, was die Eltern in den Augen der Kinder nicht hätten tun sollen, ist die größte Chance im Leben der Kinder. Dies gibt die Möglichkeit der „Vermeidungsstrategie", wenn daraus keine Vorwürfe gegenüber den Eltern erwachsen. Solange der Vorwurf gegenüber den Eltern aufrechterhalten bleibt, besteht die negative Bindung an die Eltern. Erst wenn die Lösung durch eine tief empfundene Demut vor den Eltern erfolgt ist, kann aus den Vorwürfen die größte Chance für eine Weiterentwicklung im persönlichen Bereich erfolgen. Gesehen zu haben, wie die „schlechte" Beziehung der Eltern ablief, ergibt für das eigene Leben die größte Chance für eine gute Beziehung, im Umkehrschluss. Erfahren zu haben, wie sich ein geprügeltes Kind fühlt, ergibt die größte Chance, nicht zu einem prügelnden Elternteil zu werden. Die Aufrechterhaltung der negativen Bindungen an die Eltern und die damit verbundenen Vorwürfe lassen einen jedoch genauso werden. Obwohl der Kopf Nein dazu sagt, so setzen sich doch die alten Emotionen und Gefühle durch. Sie wurden emotional gesetzt und können auch nur emotional bearbeitet oder gar gelöscht werden.

Ich habe keine hinreichende Erklärung dafür, warum es mit einem Blick nach oben, an die Decke, in Verbindung mit dem Bewusstmachen der übernommenen Gefühle, zu einer Lösung kommt. Aber, dass es funktioniert, weiß ich über viele, viele Jahre. So lange tröste ich mich mit der Erklärung, dass jeder Mensch Liebe, Vertrauen, Zuneigung, Sympathie und viele schöne Gefühle mehr fühlen kann. Aber wissenschaftlich beweisen kann man die Existenz dieser Gefühle nicht. Dennoch zweifelt niemand daran, dass es sie gibt.

Ganzheitlich ist kein leeres Wort!

Es ist meiner Meinung nach therapeutisch nicht gerechtfertigt, sich in theoretischen Erörterungen auszubreiten und dem Hilfesuchenden keinerlei praktische Lösungen für das tägliche Leben anzubieten. Also muss es eine systematische Therapie sein, die ich ihm anbiete. Alles, was Sie unterstützt in Ihrer emotionalen Arbeit und dazu beiträgt, die „Hausarbeiten" im täglichen Leben leichter zu erledigen, ist hilfreich und sollte eingesetzt werden. Nachstehend informiert Sie ein kleiner Auszug aus der angebotenen Vielfalt, die man systematisch anwenden kann.

Seien Sie neugierig auf alles, was angeboten wird. Vergessen Sie aber nie, das Wesentliche im Auge zu behalten: eine ganzheitliche Lösung.
Einen therapeutischen Rundumschlag will nicht jeder Mensch für sich in Anspruch nehmen. Ein neues Leben mit veränderten emotionalen Strukturen macht Angst. Was Sie haben und kennen, ist Ihnen vertraut. Kommt Neues auf Sie zu, wissen Sie nicht, wie sich das anfühlt. Das erfüllt Sie mit Angst. Dann erscheint es Ihnen doch besser, sich nur eine „kleine Erleichterung", durch

welche Behandlung auch immer, zu verschaffen. Aber, wie gesagt, damit verschwindet Ihr Problem bestenfalls für eine kleine Weile, um dann wieder, wie auch immer geartet, aufzutauchen. Dadurch wird es nur verlagert. Denken Sie an das Beispiel mit dem Patienten, der von der Akne angefangen über Neurodermitis bis hin zum Hautkrebs alle Krankheiten, die ein Abgrenzungsproblem symbolisieren, bekommen hat. Wenn die dahinterstehende Emotion nicht geändert wird, bleibt der Patient in seiner erlernten Struktur.

Dort, wo Ihre Angst am größten ist, liegt auch Ihre größte Chance im Leben. Dort finden Sie Ihr größtes Potenzial für Ihre persönliche Entwicklung. Und, was soll denn passieren, wenn Sie sich dieser größten Angst stellen? Ich verrate es Ihnen: Nichts, wovor Sie Angst haben müssten. Außerdem ist auch Ihre Angst „ererbt"! Also geben Sie Ihre Angst, wie oben in den Lösungsschritten beschrieben, an einen Elternteil oder an beide zurück, je nachdem, von wem Sie diese Angst übernommen haben.

Da mein Konzept ein ganzheitliches ist, möchte ich Ihnen hier an dieser Stelle ein paar Gedanken und Übungen anbieten, die Sie im Alltag begleiten können.

Übungen im Alltag

Guten Morgen!

Die wichtigste Zeit des Tages ist kurz nach dem Aufwachen. Hier können Sie mit der positiven neuen Programmierung Ihrer gelöschten Festplatte beginnen.

Der Satz „ich liebe mich so, wie ich bin" ist die Basis, sich täglich so anzunehmen, wie Sie sind. Sich nicht zu mögen oder sich zu kritisieren hieße sich abzulehnen und damit auch einen Teil Ihres Lebens. Dieser Satz ist Ausgangspunkt, seinen Körper, seine Seele und seinen Geist zu lieben, wie sie sind. Am besten, Sie schauen dabei in einen Spiegel und sich selbst tief in die Augen. Wahrscheinlich kommen Ihnen anfänglich die Tränen, wenn Sie so zu sich sprechen. Das ist normal. Nach einigen Wochen lächeln Sie bereits, wenn Sie Ihr Spiegelbild erblicken. Dann haben sich die erlernten Verkrustungen der Seele gelöst, und sie fühlen sich freier und freier und glücklicher und glücklicher.

Danken Sie Ihrem Spiegelbild für alle Ereignisse in Ihrem Leben! Alle waren gut und hilfreich für IHR Leben und IHRE Entwicklungen.

Jede Ihrer gemachten Erfahrungen war für Sie förderlich.

Hören Sie auf, sich in der Rückschau über Ihre „Fehler" den Kopf zu zerbrechen. Im Zeitpunkt des Geschehens waren es nämlich keine Fehler. Und sie rückwirkend als Fehler zu beurteilen, ist nicht legal. Es gibt nur Entwicklungen in einem Leben, auch in Ihrem, und jede dieser Entwicklungen hat Sie dahin gebracht, wo Sie heute sind. Im Positiven und im Negativen.

Und wenn eine zurückliegende Einstimmung für den Tag Sie nicht dahin gebracht hat, wo Sie gerne wären, dann gibt es Ihnen heute die Möglichkeit - aufgrund Ihrer Erfahrung -, es „besser" zu machen. Sie wissen, was Erfahrung ist? Erfahrung heißt, die Fehler öfter zu machen.

Wann immer Sie eine Lösung anstreben, Sie können es nur für sich tun, nicht für Ihre Mutter, Ihren Mann, Ihre Frau, die Kinder oder für wen auch immer. Regeln können Sie nur Ihre eigenen Angelegenheiten, nicht die anderer.

... die Gedanken sind frei ...

Lassen Sie nur positive Gedanken zu. Das braucht Training. Üben Sie erst einmal einige Minuten, dann immer länger. Kommt Ihnen dennoch ein negativer Gedanke in den Sinn, geben sie ihn an den zugehörigen Elternteil zurück und denken Sie neu. Ersetzen sie ihn durch einen positiven Gedanken. Setzen Sie sich dabei nicht unter Druck, und gönnen Sie sich die Zeit der Entwicklung.

Denken Sie das Beste von jedem Menschen, und die besten Menschen begegnen Ihnen. Denken Sie von einem Menschen „schlecht", liefert er Ihnen auch den Beweis dafür.

Wann immer Sie eine Lösung anstreben, Sie können es nur für sich tun, nicht für Ihre Mutter, Ihren Mann, Ihre Frau, die Kinder oder für wen auch immer. Regeln können Sie nur Ihre eigenen Angelegenheiten, nicht die anderer.

Stellen Sie sich vor, eine ganze Woche lang ging alles gut. Ihre Vorsätze haben sich erfüllt. Es geht Ihnen besser denn je. Dann kommt einer jener bekannten Tage, an dem Sie wieder voll die altgewohnte Schiene fahren. Verzeihen Sie sich den Ausrutscher! Es ist das Einzige, was Sie dann noch tun können! Machen Sie weiter, wo Sie aufgehört haben, und diesmal besser!

Die Sterne reißt's vom Himmel, dies eine Wort: Ich will

Alle angestrebten Änderungen laufen über die gedankliche Ebene des „ich will". Das bedeutet nicht, dass Sie nicht bitten oder wünschen können. Nur, vergessen Sie das meist schizophren gebrauchte Muss. Ich muss die Arbeit machen, einkaufen gehen, den Abschlussbericht fertigstellen, die Küche aufräumen... Ja wollen Sie oder wollen Sie nicht? Der Unterschied in der Formulierung und der Auswirkung im tatsächlichen Leben ist gravierend. Das eine geht mit Freude und verschafft Klarheit, das andere ist zerrissen und fühlt sich schlecht an.

Nur Ihre eigene Vorstellung zählt, nicht die der anderen. Damit bleiben Sie identisch.

Alles, was Sie hier lesen, sind nur Anregungen. Bei der Realisierung Ihres eigenen Programms entscheiden Sie ganz alleine. Gehen Sie einen Schritt nach dem anderen. Man kommt selten direkt ans Ziel. Der Weg ist das Ziel ...

Welche Möglichkeiten hat ein Konjunktiv?

Vermeiden Sie alle Konjunktive wie: ich dürfte, könnte, möchte, wollte, würde.

„Ich würde sagen, dass...", ja, warum sagen Sie es dann nicht!

„Ich würde lieber die Küche aufräumen." Warum räumen Sie dann nicht auf?

Ein Gehirn ohne Vergangenheit und Zukunft!

Egal, welchen Befehl Sie Ihrem Gehirn geben, formulieren Sie in der Gegenwart. Wir leben nur im Hier und Heute. Die Vergangenheit ist vorbei, und die Zukunft ist für Ihr Gehirn nicht erkennbar. Unsere Begrenzung ist die Zeit. Sagen Sie : „Ich werde glücklich, wenn...: Sie werden es nie! Sie können es nur SEIN. Glück kennt keine Bedingungen. Sie können sich jeden Augenblick dafür entscheiden, glücklich zu sein. Sagen Sie: „Ich werde reich." Sie werden es nie. Das Gehirn erkennt diesen Befehl überhaupt nicht. Sie können es nur SEIN. Sie sind reich und glücklich!

Wenn Sie mit „ich werde reich" affirmieren, so affirmieren Sie eine Menge. Denn Sie sagen nichts anderes, als dass Sie es nicht sind! Das Gehirn kann die Zukunft nicht erkennen und bleibt im mangelhaften Zustand. Es kann nur heißen: Ich bin reich! Denn sonst meditieren sie auf einen Mangel.

Machen Sie doch einmal eine Liste von den Dingen, die Sie schon alle haben, und von den Dingen, die alle schon in Ihrem Leben existieren. Sie werden staunen!

Auch Selbstmitleid hat etwas mit Ihrer Vergangenheit zu tun. Sie transformieren die Vergangenheit immer wieder durch Erzählungen oder in Gedanken in Ihre Gegenwart, um sie nicht aufgeben zu müssen.

Dadurch bleibt in Ihrer Gegenwart kein Platz für ein neues, positives Bewusstsein. Die Lösung: Fangen Sie bei sich an. Sie allein sind für Ihr Leben verantwortlich. Sonst niemand! Am Vergangenen können Sie nichts mehr ändern. Lassen Sie Negatives vorbei sein. Wählen Sie jetzt die positiven Gedanken in Ihrer Gegenwart!

Im landläufigen Sinn halte ich Verzeihen für überheblich, wenn man es von anderen verlangt. Stellen Sie sich vor, Sie treten jemandem auf die Füße und erwarten auch noch, in der gegenwärtigen Situation, dass er Ihnen dafür eine aktive Verzeihung gewährt? Diese Erwartungshaltung ist nicht gerechtfertigt. Es ist besser zu sagen: „Es tut mir leid!".

Unser Gehirn: Von Natur aus positiv

Unser Gehirn ist nicht in der Lage, Verneinungen zu erfassen. Formulieren Sie also immer positiv. Wenn Sie sagen, dass Norwegisch lernen nicht ganz leicht sei, so bleibt die Verneinung auf der Strecke, und es ist leicht!

Sagen Sie, es ist nicht schwer, dann bleibt für Ihr Gehirn die Verneinung auf der Strecke, und es ist schwer. Mit diesem Trick können Sie Ihr Gehirn überlisten.

Eine Mutter, die ihrem Kind sagt, es solle nicht mehr böse sein, hat keinen Erfolg. Eine, die sagt, „mach dein Kleid nicht schmutzig", erreicht genau das Gegenteil. Die Formulierung: „Das Kleid ist und bleibt sauber" ist die Lösung. Die Ermutigung an die Verkaufsleiter „wir müssen aus den roten Zahlen!" ist fatal. Das Gehirn kennt keinen Befehl aus dem Muss und registriert die roten Zahlen. Darauf arbeitet es hin. „Wir sind immer erfolgreich" ist ein positiv programmierender Satz für alle Ihre Unternehmungen.

Wissen Sie, warum es so schwer ist, sich das Rauchen abzugewöhnen? Es gibt viele Gründe! Einer ist, dass alle vergessen, dem Gehirn einen positiven Ersatz dieses alten Verhaltensmusters anzubieten. Einmal ist die Formulierung: „Ich höre auf mit dem Rauchen" für das Gehirn nichts anderes als der Befehl, es weiter zu tun. Zum anderen fehlt der positive Ersatz für dieses alte Verhaltensmuster: „Ich bin frei!"

Ich denke sauer!

Der Energieaufwand für Ihre positiven Gedanken ist geringer als das Leid, negative Gedanken zu haben und zu ertragen. Oder anders ausgedrückt: Negative Gedanken wirken auf den Körper mehr ein als die Tasse Kaffee oder die Tüte Chips. Das soll jetzt kein

Freischein sein, aber ein Hinweis hinzuschauen, warum so viele Menschen übersäuert sind. Stressfördernde Gedanken, Hektik am Morgen, negative Nachrichten... machen Sie sauer!

Haben Sie erst einmal begonnen, sich positive Gedanken zu machen, dann werden Sie zu weiteren motiviert. Ganz automatisch. Klappt es einmal nicht so, dann denken Sie einfach an das gute Gefühl, das Ihnen die positiven Gedanken bisher schenkten. Und schon geht es positiv weiter.

Mein Lebenspartner heißt „Angst".

Erinnern Sie sich an die Angst vor einer längst fälligen Aussprache, an die Angst vor einem längst fälligen Telefonat? Und wie verschwand sie? Ganz einfach, Sie haben es getan, schlicht und ergreifend, sich der Aufgabe gestellt. Vielleicht waren Sie hinterher sogar verwundert, wie einfach es war und warum Sie sich so lange davor geängstigt hatten.

Jede Angst, der Sie sich stellen, verschwindet, egal um welche Art Angst es sich handelt. Am besten, Sie schieben die Sachen, die Sie ängstigen, nicht mehr vor sich her. Erledigen Sie die Dinge gleich, und Sie erledigen damit auch die Angst. Angst führt in Depression oder zu Aggressionen. In der Familie werden solche Emotionen auf Kosten der Schwächsten ausgetragen. Das sind die Kinder. Und Kinder waren wir alle.

Das Kind reagiert mit der Angst, die Liebe der Eltern zu verlieren. Eine Patientin kam als Dreijährige in ein Sauerstoffzelt mit schweren Verbrennungen. Die Eltern konnten das Kind nicht mehr anfassen, durften auch nicht den Krankenraum betreten. Die Patientin hat heute noch Angst vor Fahrstühlen, vor Tunnels und hat Beklemmungen, ein Auto zu benutzen. Als sie ihr Gefühl über den

Krankenhausaufenthalt geändert hatte, war sie frei. Eine andere Patientin hatte eine zunächst unbewusste Angst. Immer wenn ihr Mann wegging, kam die Frage nach dem Wohin, dem Warum und wie lange. Von der augenblicklichen Situation her gesehen waren die Fragen überflüssig. Sie hatten vielmehr ihre Ursache in einem Kindheits-Erlebnis. Die Patientin wurde von ihrer Mutter zu einer Mandeloperation im Krankenhaus abgeliefert. Danach verschwand sie heimlich und ohne Erklärung gegenüber ihrer Tochter. Erst als diese die Situation ihrer Kindheit erneut herbeiholte, hatte sie die Angst vor dem Verlassenwerden besiegt.

Wieso soll i c h schuld sein?

Für Ihre momentane Misere, falls Sie emotional ein solche empfinden, tragen Sie die Verantwortung, sonst niemand. Nicht der eklige Vorgesetzte, die neidische Freundin, der spekulative Arbeitskollege, die „schlechten" Eltern. Soweit die Dinge der Vergangenheit angehören, sind sie nicht mehr änderbar. Warum soll man sich damit noch belasten? Diese Gedanken, diese Schuldzuweisungen bewirken das Weiterbestehen der damit verbundenen Probleme. Sie sind jetzt erwachsen und stehen für sich allein gerade. Dafür haften Sie und nicht mehr Ihre Eltern. Sie können jetzt selbst bestimmen, was Sie fühlen und denken.

Meine Arbeit erledige ich im Schlaf.

Bevor Ihre Gedanken klar, sauber und geordnet sind, um dann Realität zu werden, kreisen sie meist um Tagträume. Tagträume sind vorweggenommene Realität und damit ein wunderbares Mittel, sich auf ein Ziel hin zu bewegen. Malen Sie sich alles aus, optisch, akustisch, geruchs- und geschmacksmäßig. Fühlen Sie sich in die Situation hinein. Sehen Sie Ihr Ziel, Ihr Haus, Ihre Frau, Ihren beruflichen Erfolg vor Ihrem geistigen Auge, in Ihren Träumen. Aber vergessen Sie nicht, zu gegebener Zeit die notwendigen Schritte zu tun, sonst bleiben Sie ein Träumer.

Verbannen Sie alles Negative aus dem Ort Ihrer Träume und Ihrer Ruhe. Halten Sie Ihr Schlafzimmer „sauber" - keine problematischen Gespräche, keine negativ denkenden Besucher. Ruhe, Frieden und Harmonie sollen dort herrschen. Wussten Sie, dass unser Unterbewusstsein noch zwanzig Minuten nach dem Einschlafen alles aufnimmt, was von außen kommt? Denken Sie doch mal über Ihren Fernseher im Schlafzimmer nach …

Ihre Wünsche und Ziele formulieren Sie am besten vor dem Einschlafen. In diesem Zustand, der einer guten Meditation gleicht, sind Sie am besten konzentriert. Ihr Geist erledigt dann die Arbeit über Nacht. Wie oft schon sind Sie morgens aufgestanden und hatten die Lösung Ihres Problems? Vertrauen Sie Ihrem Schlaf, Ihren Gedanken, Ihren Träumen. Freuen Sie sich auf den Schlaf. Wie oft schon hatten Sie das Gefühl, im Schlaf sind die Begrenzungen von Zeit und Raum aufgehoben?! Hier führen Sie ein anderes Leben, andere Gefühle, andere Gedanken erreichen Sie.

Verdrängte Probleme rauben Ihnen die Nachtruhe! Dadurch sollen Sie zum Nachdenken gezwungen werden. Schlafstörungen sind nichts anderes als unbewältigte Probleme.

„Problematische" Lösungen gibt es nicht!

Bei allem Tun, Denken und Fühlen sehen Sie bitte immer nur ein Ziel: die Lösung; meist gibt es mehrere. Die hergebrachten Therapien, bei denen in jahrelangen Sitzungen die Probleme von allen Seiten beleuchtet wurden, schafften eher Abhängigkeiten. Solange Sie mit der Nachbarin über Ihre Krankheit reden, bleiben Sie im Problem. Solange Sie das schlechte Arbeitsverhältnis mit Ihrem Kollegen zum Besten geben, bleiben Sie im Problem. Allein, wenn Sie auf die Lösung schauen, ist das Problem verschwunden. Sie haben dann gedanklich keinen Platz mehr dafür. Gleichzeitig an die Lösung und an das Problem zu denken ist ein Ding der Unmöglichkeit. Also entscheiden Sie sich für die Lösung.

Der Mensch ist, was er isst.

Ihr Wohlbefinden lässt sich durch entsprechende Ernährungsprogramme bestens unterstützen. Ich plädieren für Trennkost, also entweder Kohlenhydrate oder Eiweiße in Kombination mit Gemüse oder Salat. Davon können Sie essen, bis Sie satt sind. Zwischen der Aufnahme von Kohlehydraten bzw. Eiweißen sollten drei Stunden liegen. Falls Sie 20 Minuten vor dem Essen einen frischen Obstsalat zu sich nehmen, führen Sie Ihrem Körper ausreichend Vitamine und Mineralien zu. Nicht jeder verträgt rohes Obst. Dann eben leicht gekocht.
Vermeiden Sie zu viel Zucker, Fertiggerichte und alle E-Stoffe (Zusätze in Lebensmitteln). Genussmittelgifte, wenn sie sein müssen, in Maßen. Trinken Sie klares, kohlensäurefreies Wasser. Leitungswasser enthält bereits Östrogen im Recyclingverfahren (Pille, Verpackungsmaterialien, Fleisch). Wir nehmen es mit dem Leitungswasser in den Körper auf. Vielleicht können wir uns die Verhütung bald sparen.

Deshalb bekommen auch Männer Cellulite und werden zunehmend unfruchtbar.

Sicher kennen Sie die Untersuchungen des Japaners, Masaru Emoto. Er hat die Molekularstruktur des Wassers durch Worte und Musik verändert. Er hatte das verunreinigte Wasser „bespielt oder beschriftet" und es dadurch in sauberes Wasser verwandelt. Ein Schweizer Ingenieur hatte Jahrzehnte zuvor ähnliche Experimente bei Metallen durchgeführt und deren Veränderungen beim Bespielen mit Musik fotografiert.

Sollten Sie sich an einem Tag, entgegen aller Vernunft, eine Schokolade gönnen, Fleisch mit Kartoffeln essen und das Frühstücksbrötchen mit der geliebten Marmelade verspeisen, dann tun Sie es mit Freuden. Denn auch hier gilt: Der Geist bestimmt Ihren Körper.

Im Grunde genommen gibt es für Essensgewohnheiten keine Vorschriften. Probieren Sie aus, was Ihnen guttut, und geben Sie emotionale Fehlsteuerungen in Ihrem Essverhalten zurück an Ihre Eltern. Auch Essgewohnheiten und deren Auswirkungen auf Ihren Körper sind „vererbt".

Da unser Körper die Hülle für unseren Geist ist, sollten wir ihn liebevoll behandeln, ihn bewusst gut ernähren, zärtlich pflegen, mit Gymnastik und Sport fit halten.

Luft rein, Luft raus!

Dreimal täglich Atemübungen! Den Atem vom Hals bis in den Bauchraum ziehen, ihn gedanklich begleiten. Atmen heißt leben und mit anderen kommunizieren. Denken Sie an die vielen Bronchial- und Asthmakranken, die lieber ersticken, als die Luft mit anderen zu teilen, symbolisch gesehen auf geistiger, körperlicher und seelischer Ebene. Dabei ist doch genügend Luft vorhanden, für jeden. Stellen Sie sich vor, wie Ihre Lungen sich ausdehnen. Stellen

Sie sich vor, wie der Sauerstoff durch Ihre Blutgefäße über den gesamten Körper in jede einzelne Zelle verteilt wird.

Außerdem entledigen wir uns durch verlängerte Ausatmung der Kohlensäure und beseitigen die Übersäuerung unseres Körpers. Je länger wir uns darin üben, umso gelassener werden wir und können uns der Frage stellen: „Wer hat den längsten Atem?"

Eine Wohltat für Ihren Körper ist Gymnastik. Vermeiden Sie Muskelkater, sonst reißen die Muskelfasern.

Sogenannte Hausfrauenarbeit ist in ihrer Vielfalt ideal als Training. Unterstützend können Sie weiterhin Gehirntraining in Ihr tägliches Programm einbauen: Rechtes Knie zum linken Ellenbogen, linkes Knie zum rechten Ellenbogen. So unterstützen Sie die Zusammenarbeit von rechter und linker Gehirnhälfte. Oder: Sie halten den Kopf bewegungslos gerade und verfolgen mit den Augen an einer gegenüberliegenden Wand eine liegende Acht. Oder: Sie schwingen mit Ihrem Becken nach vorne, mit den Armen zurück, dann umgekehrt. Wenn Sie wollen, können Sie dabei noch ein Lied summen oder pfeifen und an etwas spezielles Denken (Blumenvase, Vanillepudding).

Probieren Sie es einmal damit: Sie biegen Ihr Bein im Knie ab und nehmen es mit der Hand am Knöchel auf. Die andere Hand strecken Sie geradeaus vom Körper weg nach vor, den Kopf in den Nacken und die Augen schließen. Diese Haltung erfordert viel Geschick. Versuchen Sie, einige Sekunden durchzuhalten.

Ansonsten bewegen Sie sich, wie es Ihnen Spaß macht!

Meditationen, wieder einmal

Sehr hilfreich für das Wohlbefinden, und zwar in steigendem Maße, ist die Chakrenmeditation. Sie zu erfahren erweitert Ihr Bewusstsein in hohem Maße. Damit erreichen Sie auch in schwierigen Situationen eine große Stabilität. Sie lernen sich besser kennen, vertrauen auf die alles bestimmende göttliche Kraft, fühlen sich eingebunden in das Universum. Sie empfinden Liebe, Glück, Gesundheit und Kraft und geben dies an Ihre Umgebung weiter. Bei Interesse können Sie meine CD, die eine Chakrenmeditation enthält, beziehen.

Bedenken Sie, dass alles, was Sie von dieser Anleitung umsetzen, Meditation ist. Ihre täglich sich wiederholenden Gedanken sind Meditation, Ihr ganzes Leben ist das Resultat Ihrer bisherigen Meditation.

Mind-Machines

Auch so genannte Mind-Machines können in einer Behandlung kurzfristig sehr hilfreich sein. Sie bringen Ihre Gehirnwellen „auf entsprechende Wellenlänge", d.h., entweder fröhlich, entspannt, aktiv oder lernorientiert. Insbesondere depressive Patienten erfahren oft nach Jahren erstmals wieder, wie sich Heiterkeit „denkt" und anfühlt. Danach geht das Leben leichter.

Auch Schlafstörungen lassen sich positiv beeinflussen.

Lernhilfen für Kinder und Erwachsene stehen ebenfalls als Programm zur Verfügung. Aber solche Geräte sind nur ein Hilfsmittel. Die emotionale Arbeit, wie oben beschrieben, bleibt immer von Ihnen zu leisten. Die nimmt Ihnen niemand ab!

NLP

Neurolinguistisches Programmieren heißt dieses Kürzel. Zusammengesetzt aus den Worten neuro = Gehirn und linguistisch = sprachwissenschaftlich. Die Beziehungen, die zwischen unseren Worten, unserem Denken und der Köpersprache entstehen, sind für unsere Kommunikation positiv oder negativ. Unsere Verhaltensweisen sind so festgelegt, dass wir immer wieder die gleichen Muster benutzen. Unser Bild von der Wirklichkeit ist subjektiv. Unsere subjektive Wirklichkeit von den Dingen wird durch Sehen, Fühlen, Riechen, Schmecken und Hören vermittelt. Es gibt keine Realität; jede Wirklichkeit ist subjektiv.

Sie wissen, wie ein Apfel schmeckt, ohne ihn zu essen. Sie wissen, wie ein Braten riecht, ohne ihn vor sich zu haben. Diese Bilder haben Sie im Kopf gespeichert. Ebenso die dazu assoziierten Gefühle. Ihre Wirklichkeit erleben Sie immer in der gleichen subjektiven Schiene. Sie haben dieses Programm erlernt, ererbt und ausgebaut.

Machen Sie sich gute Gedanken, und Sie haben eine gute Realität; denn Ihre Gedanken bestimmen Ihre Realität. Ihr Urlaub: Brandung, Meeresrauschen, Salzgeruch, prickelnde Haut, salzige Lippen, Sonnenuntergang - schon ist er Realität. Wenn Sie also unser zuvor beschriebenes Trainingsprogramm absolvieren, machen Sie nichts anderes als NLP.

Ein praktisches Beispiel: Stellen Sie sich vor, Sie sind wieder ein kleines Kind und nehmen die fehlende Liebe Ihrer Mutter in Ihr Herz. Sie stellen sich die damalige Kücheneinrichtung Ihrer Eltern vor, die Farbe, die Anordnung der Schränke, den Geruch von Schweinebraten, den Sie so gerne aßen, die Schürze Ihrer Mutter, blau und weiß kariert, und das leise Blubbern des Knödelwassers und lassen sich dabei von Ihrer Mutter umarmen. Sie legen Ihren Kopf in ihren Schoß und fühlen sich unendlich sicher und geborgen.

Dadurch erschaffen Sie sich Ihre neue Realität: Sie sind geliebt! Ankern heißt diese Methode im NLP-Sprachgebrauch, wenn Sie „am höchsten Punkt" Ihrer Gefühle eine positive emotionale Veränderung herbeiführen. Dabei werden alle in Ihrem Körper vorhandenen, über Ihre Sinne gespeicherten „Erinnerungen" noch einmal abgerufen. „Wie sah das Zimmer aus, in dem Sie geschlagen wurden?" „Roch es in der Küche nach Essen?" „Hören Sie die Schritte Ihres Vaters in der Diele?" „Welche Geräusche machte die Türe, als sie geöffnet wurde?"

Chiropraktische Maßnahmen

Chiropraktische Maßnahmen halte ich im Rahmen einer systematischen Behandlung für unerlässlich; denn Ihre Wirbelsäule ist einmal ein zeitlich emotionaler Speicher und spiegelt auch deshalb Ihre „Haltung" in Ihrem Leben wider. An Ihrer Wirbelsäule hängt alles, nämlich das Wohlergehen Ihrer inneren Organe, die von dort aus innerviert werden.

Die durch eine Wirbelsäulenbehandlung frei werdenden Energiebahnen lassen im Körper die Energien wieder fließen. Von jeder Zehe und von jedem Finger laufen Zonen durch unseren Körper bis zum Kopf. Jede Fehlhaltung des Körpers führt zu einem energetischen Ungleichgewicht in diesen Energiebahnen, schafft eine Blockade. Sie wirkt sich, je nach Lage, besonders an den entsprechenden inneren Organen aus. Aber auch im ganzen Körper. Eine Störung an einer Stelle der Energiebahn betrifft die ganze Zone. Z. B. haben Sie ein Hühnerauge an der kleinen Zehe, so ist die ganze Zone in Ihrem Körper, äußerer Hüftbereich, Arm, Schulter, Ohr, betroffen. Ob Sie nun als Kind einen Ohrring gestochen bekamen oder die Hüfte geprellt hatten, als Sie beim Skaten hinfielen, lässt sich oft nicht mehr erinnern. Es kann auf einer Energiebahn in alle Richtungen zu einer Störung kommen.

Ein krankhaftes Geschehen ist immer ein Zuviel an Energie und gehört meist auf der gegenseitigen Körperseite ausgeglichen.

Wie Sie wissen, besteht eine Wechselwirkung zwischen Ihren emotionalen Haltungen und Ihrer Körperhaltung. Bis hier ein Einklang zwischen Innen und Außen geschaffen ist, kann die chiropraktische Maßnahme sehr hilfreich sein. Hat man im geistigen Bereich seine Haltung gefunden, behält auch die Wirbelsäule ihre Statik. Der Energiefluss in den Zonen hat wieder freie Bahn.

Hilfreich ist eine zusätzliche Akupunkturbehandlung mit energetischem Ausgleich, zum Freimachen der Energiebahnen.

Energetische Ausgleichsbehandlungen

Mein Lieblingsthema! Wann immer in Ihrem Körper ein Ungleichgewicht entsteht, gehört es ausgeglichen. Haben Sie rechts Schmerzen, auf Ihrer Vaterseite (außer Sie sind Linkshänder), dann muss der energetische Ausgleich auf der linken Seite erfolgen. Sie könnten Ihrem Vater die Schmerzen und Beschwerden zurückgeben und beim energetischen Ausgleich auf der linken Seite zu Ihrer Mutter sagen: „Hier bin ich." Mit einem Blick nach oben speichern Sie auf Ihrer Festplatte die neue emotionale Situation. Haben Sie beispielsweise Kopfschmerz auf der linken Seite, dann geben Sie diesen Ihrer Mutter zurück. Gehen Sie auf der anderen Kopfseite genau an die gleiche Stelle, die links schmerzt. Wenn Sie jetzt rechts drücken, verschwindet links der Schmerz. Dieses Prinzip gilt am ganzen Körper. Sie können ja an der zuvor schmerzhaften Stelle anschließend kontrollieren, dass der Schmerz verschwunden ist.

Wenn der Ausgleich von links nach rechts oder rechts nach links nicht funktioniert – das tut er aber in 98 Prozent der Fälle –, dann gehen sie von vorne nach hinten oder umgekehrt. Nicht vergessen, die Zurückgabe der Beschwerden an die männlichen Vorfahren Ihres Vaters (rechte Körperseite, Rücken) oder Ihrer Mutter (linke Körperseite, Rücken) oder die weiblichen Vorfahren Ihres Vaters (rechte Körperseite, vorne Brust) oder die weiblichen Vorfahren Ihrer Mutter (linke Körperseite, vorne Brust). Augen nach oben richten, wegen der Speicherung! Kontrollieren Sie danach immer die ursprünglich schmerzhafte Seite, um die Verbesserung (bei chronischen Beschwerden) oder das Verschwinden (bei akuten Beschwerden) der Schmerzen festzustellen. In ganz wenigen Fällen wirkt das Prinzip vorne hinten oder umgekehrt nicht. Es bleibt der energetische Ausgleich von oben nach unten oder von unten nach oben, je nachdem, wo der Ursprungsschmerz war.

Affirmationen

Ein Affirmationsprogramm für Sie könnte etwa so lauten:

Ich liebe mich, so wie ich bin.
Ich verdiene das Beste und davon alles.
Ich bin geliebt, geachtet und respektiert.
Ich setze mich durch und grenze mich ab.
Ich bin reich und erfolgreich bei materiellen und immateriellen Dingen.
Ich bin glücklich in meinem ganzen Leben und in meinen Beziehungen.
Ich bin gesund und entspannt im Körper, in der Seele, im Geist.
Alle notwendigen Gedanken und Informationen erfahre ich zur rechten Zeit.

Ich glaube, dass Louise Hay so oder so ähnlich formulierte!
Sie können dieses Programm nach Ihren Wünschen gestalten. Denken Sie dabei immer an die positive Formulierung! Es ist nicht unmöglich, wäre eine negative Formulierung; denn das Gehirn kennt nicht die Verneinung, und was bleibt ist „unmöglich". „Es ist leicht", ist die bessere meditative Aussage. Wenn Sie sich Zielvorgaben geben, dann konkret: „Ich lerne zehn Seiten in zwei Stunden" und nicht: „so schnell wie möglich". Dieser Befehl ist ungenau! Außerdem formulieren Sie am besten in der Gegenwart und effektiv mit „ich will".

Schon wieder schlechte Nachrichten – negative Programme

Was die Medien Ihnen vermitteln, ist ebenfalls Programm. Millionen von Fernsehzuschauern bekommen täglich ihr negatives Programm. Die wirtschaftliche Rezession hat in allen Köpfen bereits Platz genommen. Nur negativ formulierte Vorhersagen erreichen unser Ohr und unser Gehirn. Und wieder fühlen Sie sich wohl in dem vereinten Leid. Allen geht es schlecht. Also Ihnen auch ein bisschen. Aber den Generationen vorher ging es viel schlechter, und mit Tatkraft und guten Gedanken wurde durch sie die Wirtschaft dennoch aufgebaut.
Diese negative Energie wird durch die darüber geführten Gespräche am Arbeitsplatz, in der Kneipe, beim Kaffeekränzchen weiterhin multipliziert.
Sie merken, wie wichtig es für Sie ist, die geistige Disziplin, die geistige Reinigung zu pflegen. Nicht nur für jeden Einzelnen, sondern für jede Familie, eine Arbeitsgemeinschaft, ein Unternehmen, ein Volk. Es wird immer Unternehmen geben, die „überleben"! Aber nie mit negativen, destruktiven Gedanken, sondern mit klaren Hierarchien, mit Positionen, die genau strukturiert sind. Dann passt

der positive Unternehmergeist jedes Einzelnen. Arbeiter und Angestellte, die meinen, Ihre Arbeitgeber „austricksen" zu können, um einen kleinen kurzfristigen Vorteil am Arbeitsplatz erlangen zu können, sind kein förderliches wirtschaftliches Potenzial. Arbeitgeber, die meinen, Ihre Mitarbeiter „austricksen" zu können, machen die Wirtschaft kaputt.

Und jetzt?

In den Niederlanden hat man festgestellt, dass nur zum Schein durchgeführte Operationen zu den gleichen Heilungen führten wie tatsächlich ausgeführte Operationen. Die Placebo-OP hatte also den gleichen Effekt!
Worauf warten Sie also noch in Ihrem Leben, um sich positive Lebensgestaltung zu „gönnen"?
Die „Heilung", wie immer Sie diese verstehen, bestimmen Sie. Was immer Sie für sich erreichen wollen, erreichen ausschließlich Sie.
Alle hier dargestellten Möglichkeiten sind für die Erreichung Ihres Zieles geeignet und hilfreich. Sie haben die Auswahl. Die täglichen Übungen erleichtern Ihnen das Erreichen Ihres Ziels. Dazu brauchen Sie weder eine Krankheit noch eine „tatsächliche Operation".
Und noch etwas will ich vermitteln. Ich habe die Untersuchungen über die Veränderung der Molekularstruktur des Wassers erwähnt. Durch ein neues Programm wurde das verseuchteste Wasser zum Trinkwasser.
Programmieren auch Sie sich neu, um alle emotionalen „Verseuchungen" zu entfernen. Geben Sie also Ihre Verantwortung für sich nicht ab und warten Sie nicht darauf, dass andere etwas tun, damit es Ihnen besser geht. Sie können nicht sagen, wenn Ihr Ehemann sich so oder so verhalten würde, wären Sie glücklich. Die Verantwortung für das eigene Leben übernehmen heißt, an den eigenen,

einmal gesetzten Emotionen, die ihr Schicksal bisher definierten, zu arbeiten. Positivieren Sie die im Laufe Ihres Lebens erlernten negativen Emotionen, um sich ein eigenes Programm für Glück und Freiheit zu schaffen. Das kann Ihnen niemand abnehmen. Das ist eine eigenständige, eigenverantwortliche Arbeit, die tagtäglich zu erbringen ist. Einen anderen Weg kenne ich nicht. Die Welt bleibt, wie sie ist. Sie ändert sich nicht. Nur Ihre Emotion gegenüber der Welt, ihre Sicht auf die Welt kann sich verändern und damit die Welt.

Bereits aus der Art Ihres Sprechens können Sie erkennen, wo Ihre emotionalen „Schwachstellen" sind. Viele Menschen formulieren vor Ausbruch irgendeiner Krankheit ihr dafür vorhandenes Bewusstsein: „Mir bricht es das Herz", „ich ertrage das nicht mehr", „die Sache liegt mir im Magen", „ich kann mich nicht mehr rühren", „ich könnte platzen", „das halte ich im Kopf nicht aus", „meine Knie zittern"... Die Reihe ist beliebig fortzusetzen. Als eine Patientin das überfällige Gespräch über ihre eigenständig vorgenommene Berufswahl mit ihrem Vater geführt hatte (er hatte andere Berufspläne mit seiner Tochter), war ihre Kehlkopfentzündung verschwunden. Alle Erkrankungen lassen einen Zusammenhang zu den negativen erlernten Emotionen erkennen. Wenn Sie nicht im Vorfeld reagieren, brauchen Sie eine Krankheit, um in Ihrem Leben eine Entwicklung zu machen. Das geschieht dann auf der körperlichen Ebene.

Ich weiß, dass manche Menschen lieber im Leid bleiben, um sich vor der täglichen emotionalen Arbeit zu drücken. Ich weiß, dass viele schummeln, wenn es darum geht, die Eltern im Herzen zu haben. Das wird dann einfach behauptet. Ich weiß, dass viele die „Hausaufgaben" nicht machen, Emotionen, die nicht zu ihnen gehören, zu den Eltern zurückzugeben, tagtäglich und immer wieder.

Diese Arbeit kann Ihnen niemand abnehmen. Sie begleitet Sie bis ins Grab.

Die aufgezeigten therapeutischen Möglichkeiten lassen Ihnen dennoch Ihre Entscheidungsfreiheit und machen Sie von nichts und niemand abhängig. Einwände gegen die von mir gemachten Vorschläge lasse ich nicht gelten; denn welches Risiko gehen Sie ein, wenn Sie die Vorschläge befolgen. Vielleicht das Risiko des Erfolgs?

Ich wünsche Ihnen viel Arbeitseifer bei Ihren täglichen Hausaufgaben und Freude an den Herausforderungen des täglichen Lebens und etwas mehr Glück als bisher in Ihrem Schicksal!

Inhalt

Auszüge aus Briefen

Was einige meiner Patienten schrieben:

„Auf diesem Wege bedanke ich mich nochmals herzlichst für die Sitzung, die ich bei Ihnen hatte. Seither ist es friedvoll, heiter, gelöst in meinem Innern. Nun kann es weitergehen Schritt für Schritt, das Herz geheilt werden, geweitet werden. Verständnis sich ausdehnen."

„Ich schreibe die Zeilen aus meiner Seele. …Ich bin glücklich und dankbar und tief berührt. Du zeigst mir durch Deine Therapie immer wieder, wie schön das Leben sein kann, klar und geordnet."

„Herzlichen Dank für Ihre Hilfe, Aufklärung und Unterstützung."

„Vielen Dank für Ihren hervorragenden Unterricht, den ich in solcher Präsenz und Disziplin noch nicht erleben durfte."

„Ich möchte mich hier an dieser Stelle nochmals für den eindrucksvollen Therapienachmittag bei Ihnen bedanken. Mein Leben hat viel mehr Standfestigkeit bekommen. Teilweise wurde ich ausgangs des Jahres versöhnlicher – aber auch beharrlicher in meinem Auftritt. Die Kinder meines Mannes aus erster Ehe bekommen dies am meisten zu spüren, positiv. Mit meiner Mutter habe ich innerlich Frieden geschlossen. Mit meinen Geschwistern verbindet mich der sogenannte (von Ihnen geprägte) Ausspruch: den Blick freihalten."

„Es ist schon eine ganze Weile her, dass ich bei Ihnen war. Ich schleppte damals gefühlsmäßig viele riesige Felsbrocken mit mir. Die Therapie habe ich als sehr intensiv empfunden und entsprechend aufgenommen. Ich habe Ihren Rat täglich befolgt, und es ist erstaunlich, was sich seither alles getan hat. So ist ein Felsbrocken nach dem anderen abgefallen. Am Arbeitsplatz, wo es Probleme mit einer Kollegin gab, …durfte ich mir ein eigenes Zimmer einrichten. Ich bekam neue Möbel, einen neuen Computer, Drucker…

Die nächste Sorge mit unseren beiden Jungs hat sich dann auch gegeben. C. steht vor dem Abitur und F., der nicht so gerne lernt, …erzielt mittlerweile wunderbare Ergebnisse. Auch diese Last (Angst) ist gefallen. …Das Problem mit meiner Tante war nicht so einfach… Ich habe sehr lange gebraucht. Es gab 30 Jahre aufzuarbeiten… jetzt kehrt langsam Ruhe ein… Ich habe im Laufe der Zeit gemerkt, dass der Kopf leichter wurde, dass der Oberkörper freier wurde - durch leichteres Atmen - und zuletzt der bleierne Bauch immer leichter wurde.

Auch meine offenen Hände, die bei jeder Bewegung schmerzten, sind wieder verheilt. Ja, insgesamt war das vergangene Jahr ein gutes Jahr, und von den vielen riesigen Felsbrocken sind noch zwei übrig geblieben. Ich bin sicher, dass auch diese beiden noch abfallen werden. Viele schöne Dinge sind plötzlich da, die das Leben so schön und wunderbar erscheinen lassen und mir viel Freude bereiten. Aus diesem Grund schreibe ich diesen sehr langen Brief, wohl wissend, dass Sie mit Ihrem Rat … all diese wunderbaren Dinge ausgelöst haben."

„Ich wollte Ihnen ganz herzlich danken für die Sitzung am – es hat eine Menge bewegt bei mir (und das ist mit Sicherheit erst der Anfang!).

Ich hatte die Situation mit meinem Mann geschildert … von Respektlosigkeit, Bevormundung, ständiger Kritik und Nörgelei. Als ich in Berlin landete, kam mir mein Mann entgegen, den ich völlig verändert wahrnahm… Aber es ist mir immer noch nicht möglich, meine Gefühle und Bedürfnisse auszudrücken - es ist, als wenn die Worte im Hals stecken bleiben… Ich fühle mich ihm gegenüber verpflichtet, in dieser Zeit seiner OP bei ihm zu sein. Aber ich weiß, ich habe die Kraft zu gehen."

„Wir können es in Worten schlecht erklären, was in unserem Leben seit unserer Therapie bei Ihnen geschehen ist. So ziemlich alle unserer Probleme haben sich zum Guten gewendet oder verschwinden allmählich… Dann möchten wir uns bei Ihnen 1000-mal bedanken, da der Besuch bei Ihnen und im Leben eine neue Ausrichtung gegeben hat."

„Sie haben mir aufs Neue gezeigt, wie faszinierend das Leben ist. Sie haben mal zu mir gesagt, ob ich weiß, was ich will. Mir ist es jetzt bewusst, ich wusste es mein ganzes bisheriges Leben nicht. Ich spüre im Moment eine Befreiung, wie ich sie mir nicht hätte erträumen können.
Ich weiß jetzt, was mir mein ganzes Leben so sehr gefehlt hat. Durch Ihren Mut, mich an meiner seelisch empfindlichsten Stelle anzupacken, haben Sie mir so sehr geholfen.
Ich will Ihnen von ganzem Herzen danken, was Sie für mich getan haben…"

„Ich möchte auf diesem Wege ganz, ganz herzlich Danke sagen. Ich fühle mich seit der Aufstellung bei Ihnen jeden Tag wohler. Falls es mal ein bisschen holpert, weiß ich damit umzugehen."

„Das Leben war für mich schon immer schön. Doch seit Sie für mich die Tür geöffnet haben, zu mir selbst zu finden, ist dieses Leben wunderschön. Ich danke Ihnen dafür von ganzem Herzen. Danke für Ihre Liebe, Ihr Vertrauen und Ihre Zuversicht."

„Vielen Dank für das Ausleihen des Buchskripts, aber vor allem für einen erhellenden und erlösenden Nachmittag (Therapie) – für den Beginn eines neuen Lebens."

„Es ist mir ein Bedürfnis, mich bei Ihnen für Ihre ‚Hilfe‘ zu bedanken. Ich arbeite mit den von Ihnen an die Hand bekommenen ‚Tipps‘ sehr intensiv.
Der Erfolg ließ nicht lange auf sich warten – und er ist vor allem nachhaltig!“

„Ihr Buchskript habe ich natürlich schon gelesen – super! Ich fühle mich so wie an der Schwelle zum neuen Leben…“

„Ich wollte Ihnen nochmals rückmelden. Was P. (Sohn) betrifft, scheinen wir ganze Arbeit geleistet zu haben. Er ist so fröhlich und motiviert wie lang nicht - oder noch nie? Neulich hat er mir ganz intensiv seine Liebe erklärt: Mami, ich habe dich so lieb - ich kann dir gar nicht sagen, wie weit!!! Ich habe dich jetzt viel lieber als früher… er konnte sich das selbst allerdings auch nicht erklären, weil ich ja genauso zu ihm wäre wie bisher… Toll, oder?! Mit den Eltern ist es nicht ganz so leicht – ist ja auch schon länger verhaftet. Ich mache meine Übung mit liebevoll ins Herz nehmen - jeden Abend. Es fällt mir nicht schwer, aber ich empfinde es nicht so intensiv im Herzen. Bei meinem Bruder (er machte auch die Therapie bei Ihnen) funktioniert das tadellos, aber der hat’s ja leichter, wie wir wissen… Ich habe keine Kopfschmerzen mehr! Die bekommt jetzt immer die Oma mit Respekt und Dank zurück – funktioniert! Soviel zu den Neuigkeiten aus meinem Leben.“